Marcel NUSS

FEMMES LIBERTÉS

(2011-2013)

Édition : BoD – Books on Demand, info@bod.fr
Impression : BoD – Books on Demand,
In de Tarpen 42, Norderstedt (Allemagne)
Impression à la demande
© 2022 Autoéditions – Marcel NUSS
Dépôt légal : juillet 2022
Couverture : Jill NUSS
ISBN : 978-2-3224-3840-2

Le Code de la propriété intellectuelle n'autorisant, aux termes des paragraphes 2 et 3 de l'article L. 122-5, d'une part, que les « copies ou reproductions strictement réservées à l'usage privé du copiste et non destinées à une utilisation collective » et, d'autre part, sous réserve du nom de l'auteur et de la source, que les « analyses et les courtes citations justifiées par le caractère critique, polémique, pédagogique, scientifique ou d'information », toute représentation ou reproduction intégrale ou partielle, faite sans le consentement de l'auteur ou de ses ayants droit ou ayants cause, est illicite (article L. 122-4). Cette représentation ou reproduction, par quelque procédé que ce soit, constituerait donc une contrefaçon sanctionnée par les articles L. 335-2 et suivants du Code de la propriété intellectuelle.

AVANT-PROPOS

La première partie de ce recueil a été écrite à quatre mains, entre janvier et juillet 2011. C'est l'histoire d'une passion amoureuse fulgurante. Nathalie était poète et musicienne, j'étais poète, tout était réuni pour que nous échangions en vers plutôt qu'en prose. Mais Nathalie souhaitant rester anonyme, vous ne connaîtrez d'elle que son prénom. Pour en savoir un peu plus, je vous invite à lire le recueil de nouvelles érotiques : *Incarnations lascives*, publié en autoédition en mars 2021.
La seconde partie de ce recueil est inspirée par Peggy, autre amour éphémère.
La troisième partie est consacrée à Jill, l'amour providentiel de ma vie, le chemin de ma liberté et le bonheur ultime.

En espérant que vous trouverez votre bonheur dans ce recueil foisonnant, je vous souhaite un bon voyage élégiaque dans mon univers poétique aux allures de chroniques diversifiées.

Shunga

Le ciel sanglote
sur mon lit sans terre,
la vie est un mystère
que je n'ai pas déchiffré.
Je suis un vieux solitaire
que la nuit a sevré
de vérités sommaires
et d'amours réinventées.

Je suis le monde à l'envers,
l'écho de mes propres vers
plongeant dans ton univers.
Femme qui me fait tant espérer,
j'ai le sexe qui se met à rêver
entre tes cuisses sur moi déployées.
Fais-moi jouir le temps d'un baiser
qui se prolongerait à satiété.

J'ai le sexe qui se gonfle de liberté
contre ton corps à peine dénudé :
érection sous un nénuphar grisé
par tes féminines charnalités.
Rejoins-moi sur l'horizon ouvert
d'une si sensuelle verticalité,
jusqu'à la jouissance éjaculée.
Le ciel peut sangloter…

Je suis vivant.
La vie qui m'a engendré
me pénètre de toute part.
Que ma verge converge
au fond de toi ! Le désir est une foi.
Femmes, laissez-moi
encore être votre amant.
Je suis vivant !

Ikebana

Lumière du petit matin
sur le rayonnement du forsythia
qui s'essouffle si vite de sa splendeur
éphémère
mon esprit germe
un bouquet de fleurs pousse sous ma tête
c'est la vie l'amour le désir et la liberté
sens-tu leurs fragrances épanouies
qui embaument le jour ébloui ?
Femme que j'ai aimée femme que j'aimerai
c'est le printemps sous un soleil resplendissant
mon regard sourit
à mon être qui rit
de bon cœur

Geishas

Je t'aime nue
dans ton regard kimono
Femme venue
te blottir contre ma peau

Les cerisiers sont en fleurs
à l'horizon de tes seins

Entends-tu mon émoi
les trois coups du shôko
entonné ma plongée
dans ta lumière de soie

Les cerisiers sont en fleurs
au creux de l'ode de Vénus

Femme-liesse laisse-moi
encore saisir avec ardeur
nos ferventes jouissances
aux confins de nos désirs
    intenses !

Haïku

Femme hirondelle
prends-moi sous ton aile belle
comme le désir

Tanka

Jour de soleil bleu
le printemps dans mon regard
plein d'amour heureux

Vibrer dans sa conque drue
tel un oiseau éperdu

Amours éternelles

Femmes qui m'avez aimé dans la froideur de l'hiver : je vous aime !

Amour virtuel

Femme qui chevauchera mon vit de ta croupe crue, viens-moi vite !

Déclaration

Marions nos regards épris dans l'onde de nos corps si surpris.

Cérémonie du thé

Que la chaleur qui s'écoule de son con enivre mes lèvres nues !

Offrande printanière

Dans ma main, la douceur du petit matin : je te l'ai offerte.

Nu

Petite chatte mal assurée
Avoue sans préjuger
Je suis venue flairer
Qui de moi, qui de vous
A une nuance près
Tenait la vérité.
Tombée des nues,
Je fus
Tombée des nues,
Je sus
Que les étoiles sont au ciel
Ce que la vérité
Est au cœur de l'être.
En vérité je vous le dis
Les mots coulaient
Je m'abreuvais.
Les mots dits et interdits mots
De tous les maux
Les mots décrits et censurés
Juste pour le plaisir.
En vérité je vous le dis
Les mots coulaient
Je m'apaisais.
Les mots criants, les mots tus
Les mots graves, les moteurs.

L'idée me vint, avant de partir
D'aller cueillir les mots.
Pour défouler ma gratitude
Je pris l'Inspir
Je m'adressais à l'homme
Aux pieds nus.
D'un commun accord
Nous avons trouvé
Refuge
L'écriture une maison.
Une mère qui vous abrite.

Merci Monsieur
Que votre nom soit gratifié
Votre volonté soit fête.
Merci Monsieur
Que votre nom
Souffla l'idée.
Merci Monsieur
Au nu pluriel,
Merci Marcel !

Petite chatte mal assurée
Avoue sans préjuger
Je suis venue flairer
Qui de moi, qui de vous
A une nuance près
Tenait la vérité.

Une chatte sur un toit ouvrant

Une chatte sur le rebord de mon être
rissole de désirs
sous la fenêtre de mes mots
de chair et de sang

Le cœur et l'esprit
se sont mis à fredonner
d'une voix assurée
au fil
d'un pas de deux à peine entamé

Corps don
corps dés
corps niches
vibrant sur l'horizon
d'une destinée gorgée de malices

La vie est un mystère qu'il ne faut pas déchiffrer

Toute liberté est sensuelle
…

Sangsue elle est ma liberté !

Libère ton âme
Et souris-moi
Cordon coupe haie
A quoi te sert
D'être à tâcher
Les souvenirs...
La vie est un mystère qu'on ne peut pas déchiffrer.
En date
Une chatte sur le rebord de la fenêtre
Miaule de désir
Car au dehors
La lune a frémi
Sous un ciel dévoilé...

Liberté consensuelle
Liberté consent-elle
D'un pas de deux à peine affirmé
La voilà qui s'affole
L'air de rien elle s'envole !

Liberté inconditionnelle

Je ne suis attaché que par ma liberté.
D'être, d'aimer, de désirer, de jouir et de la penser, ma liberté.

Aimer de désirs intenses et flamboyants cette chatte qui miaule si ardemment sous mon corps battant.
Ou désirer d'un amour inopiné et débridé cette chatte qui miaule à affoler mon corps si enflammé.

Et mon cœur qui s'étonne de tant d'étonnements.
Vers quoi s'envole-t-elle ? Vers quoi nous envolons-nous ?
Quel est ce ciel consensuel qui dans un fracas sensuel s'engouffre en nous ?

« L'homme prévoit, Dieu rit »

Être fidèle à soi-même.
Le sait-elle ? Le savez-vous ?

Sous la lune qui s'émancipe sur nos corps épris, un hymne égrène les premières notes d'un credo serti.
Consent-elle à ôter ses oripeaux ? À s'envoler vers nous ?
Le printemps crépite. Le soleil est plus beau. Soudain il est beaucoup plus beau.

Une chatte miaule.
Sous le regard d'un loup sens dessus dessous…

Une chatte miaule sans dessus dessous
Le printemps palpite
De tous les feux de Dieu
Venu applaudir les esprits
De la nature refleurie.

Les premières notes
S'enhardissent.
Déjà suivent
Des plaintes minaudées
Que le désir déchire
Au plus profond
De la nuit
Qui s'éclaire
Déjà suivent
Des plaintes accordées
Que le désir arrache
Au plus profond
De la nymphe transfigurée

Une chatte miaule sans dessous dessus
Cette chaleur
Qui cogne entre ses reins
Soudain le soleil
Est encore plus chaud…

Loup qui es-tu ?

Le loup
sorti du firmament où il rêvassait
pose avec fougue
sa main dessus la chatte sans dessous
elle était chaude
elle était vive

Le désir le déploie sous les cieux
lui arrache un cri d'émois trop longtemps silencieux
l'embrasser à plus soif
la révérer avec allégresse
la libérer de sa détresse
et la pénétrer avec liesse
Ejaculer toute la beauté de la Terre éclose de son mystère
se laisser renverser par la vie
respirer l'amour à pleins poumons
aimer
dans le brasier de nos êtres dévoilés
Dieu j'ai atteint un rivage
pourrais-je m'y accoster

Et sa chair qui frémit sous mes lèvres réjouies
j'étais à la source de l'Infini…

Une chatte amoureuse est sans dessous dessous
c'est le printemps c'est aujourd'hui c'est demain
c'est toujours c'est longtemps
c'est maintenant
elle est si loin elle est si proche
Dieu pose-la dans ma main
je ne sens plus qu'elle au creux de mes reins !

Je tiens à toi

Nathalie
Ici
la vie
s'alanguit
sur un lit
défraîchi

Nathalie
Ici
mon cœur sanctifie
l'envie
mon corps crie et je crois
en toi

Nathalie
Ici
mon pénis ébloui
s'ennuie
de ton clitoris
en vie

Nathalie
Ici
tout nous relie
tout nous lie
tant nous rit
tant nous vit

Nathalie
Là-bas
entre tes bras
danse-moi
chante-moi
nos émois

Nathalie
tu m'as saisi

dans un vol de nuit
soudain rempli
d'un halo épanoui
Je suis conquis

J'embrasse

J'embrasse la nuit dans ses bras exquis
j'embrasse la vie dans ses yeux épris
j'embrasse l'amour sur son corps séduit
j'embrasse la chair de ses seins réjouis
peau à peau corps à corps regards éblouis
au gré de nos lèvres affamées
bouge-moi !
J'ai faim de Vie…

Nathalie

Ne pleure pas notre futur,
Avant l'aube le jour s'est levé.
Toi contre moi, moi en toi,
Humbles amants enfiévrés
Allant d'amble dans le lit de nos émois.
Le temps est suspendu à nos baisers,
Il suffit de nous aimer
Et le bonheur peut s'accélérer.

Je suis.

Femme riante
Un brin insolente
Je suis.
Femme vibrante
De désirs inassouvis
Je suis.
Femme brillante
Aux mille fantaisies
Je suis.
Je suis femme
Dans tes bras.
Tendre,
La femme du point du jour
La femme de toute une nuit.
Femme désirante,
Je suis.
Femme libérée, je suis
Femme.
Que ne serais-je femme
Quand tu me tiens ?
Riante, vibrante, brillante, désirante
Je suis toute,
A la fois femme libérée.
Que ne serais-je femme quand tu me tiens ?
Femme oppressée
Le poids du passé
Un brin fragile
Un peu agacée.
Femme toute
Ame.
Femme toute
Ouïe.
Femme des mille
Et une nuit.
Que ne serais-je femme
Quand tu me tiens ?
Femme aimante

Femme amante
Femme.
Je suis femme
Pour toi et moi !

Je serai

Femme de toutes les nuits tu seras
Femme de mes jours tu vibreras
je serai l'homme au sexe de velours
je serai l'amour au grand jour
je serai le rire des petits matins
je serai la fin et le moyen
je serai la chair et le sens
je serai la présence et l'absence
je serai la mort et la vie
je serai l'infini entre tes bras
je serai le gardien de ton temple
et son profanateur tout à la fois

Prends-moi ! Je t'en prie, ma joie, prends-moi !

Que serais-je sinon
qu'un Lancelot sans Graal ?

Offre-moi ton amour en offrande
offre-moi ton corps en libation
Femme, je hurle à la Lune
enfoui dans ton mont de Vénus…

Libère-moi

Prends-moi dans tes bras
Fais-moi l'amour
Comme jamais
Je te saurai gré.
Prends-moi au petit jour
Fais-moi l'amour
Comme un fou
Je te serai près.
J'ai besoin de toi
Vibrant de chaleur
Jusqu'à l'heure
De ma petite mort.
Libère-moi
Attache-moi
Fais de moi
Ce que tu voudras.
Femme libérée
Enchaînée
Comme je suis
Fais-moi l'amour
Je te serai vraie.
Mon amour
Mon tendre
Amant
Prends-moi
Dans tes bras
Fais-moi
Jouir
Et rougir
De jouir.
Fais de moi
Ce que tu loueras.
Je t'aime !

Appétences triviales

J'ai le sang qui pulse dans ma chair effervescente. Entends-tu tout mon corps qui exulte et t'exhorte avec la sauvagerie d'un amant aimant et sublimé ?
J'ai le cœur qui implose à force de chamader dans une poitrine bien trop étroite pour accueillir le flot incessant de tes baisers embrasés.
Niche tes nichons survoltés entre mes lèvres écarlates, que ma langue danse sur tes tétons érigés en imploration spartiate. Te faire jouir. Ô te faire jouir jour après jour, à tout instant, à chaque mot, au moindre regard !
Et ta main aux doigts fébriles et déliés qui s'emparent de ma hampe pour la faire chanter. Et ta bouche qui me suce à me damner. Me faire jouir. Ô me faire jouir jour après jour, à tout instant, à chaque mot, au moindre regard !
Me déverser à flots saccadés dans ton palais brûlant et déluré. Me donner à toi, me perdre en toi, de haut en bas, dans les tréfonds de toi. Nous faire jouir. Ô nous faire jouir jour après jour, à tout instant, à chaque mot, au moindre regard !
Jaillissement du stupre dans l'enclos de nos ébats sucrés-salés. Baise-moi. Que ton con caracole hardiment sur mon vit chancelant. Bander, branler, ébranler, mouiller, juter, chuter, soupirer, jusqu'à exhaler le plaisir d'aimer jouir de nous aimer. Jour après jour, à tout instant, à chaque mot, au moindre souffle.

Viens

Quintessence. Elle est la quintessence de mon essence. Je suis l'essence de sa quintessence.
Je suis fou d'aile
en moi
tout vole en éclats
vaines certitudes futiles certitudes
que la vie balaye d'un revers de la voie.
Ô ma Bastet si féline et si câline
feule ton amour aux quatre vents de notre horizon
nous allons mourir ensemble pour renaître encore et encore

Déchaîner la liberté en arrachant tes lambeaux de meurtrissures
viens ma tempête sentimentale
viens mon corps animal
viens entre mes bras fanal
et laisse-moi plonger dans ton sexe béant de désirs !
Quintessence. Elle est la quintessence de mon essence. Je suis l'essence de sa quintessence.

Il attendait

Il attendait sur le seuil de son cœur
il voyait de la lumière en elle
il voyait de la vie il voyait de l'amour
la porte était entrebâillée
il attendait sur le seuil de son cœur
la vie est une hésitation
devant le vide de la Liberté
ouvre-moi à pleins poumons
je veux t'aimer !

« Si je mens »

Je m'en fous
Il m'en faut
Tu m'en diras
Il m'en fera
Elle m'en causera
Des soucis.
Des pensées
Déments songes
Si je mens
J'vais en faire.
Si j'mens
Je m'en ferme.
Si j'mens
J'te suis vraie.
Si j'mens
J'te fais l'amour.
J'attends toujours !

Qu'est-ce t'attends ?

Qu'est-ce tu perds
qu'est-ce tu risques
à part périr entre mes bras béants
ou mourir de plaisir
avant ou après
avoir vu Venise et ses pigeons béats ?
Mais qu'est-ce t'attends
pour m'faire l'amour
au petit jour la chatte
encore engourdie par mes baisers braisés
de la nuit
j'ai l'Soleil dans les yeux
à force d'être ébloui par ton corps glorieux
et ton cœur qui s'fait du souci
N'attends plus
jouis
d'la vie !

Prière d'exhumer

À Nathalie, mon cœur

Je ne sais jouir que des mots
j'ai égaré la clef des sens
dans les décombres de mon ombre
et de mes sombres échos

Que la lumière soit faite
sur la terre comme aux cieux
dans les chairs en fêle
de nos corps radieux !

Tu as surgi en moi
à la croisée de nos destins
je n'espérais que toi

Me sentir beau au fond de tes yeux
et te faire l'amour
comme si tu étais un parchemin

Je ne sais jouir que des mots
j'aimerais jouir de toi
toi qui m'as rejoint
à la croisée de notre festin

Tout un festin

Je me demande
Comment tu vas
Me déshabiller
Du regard
M'entrevoir
Par-dessus les mots
Par-dessous les flots.
Je me demande.
Comment tu vas
Ne me dis pas
Que tu me veux
Je le devine
A tes yeux.
Laisse-moi
Respirer
Ton souffle
Chaud devant
Sur ma nuque.
Comment tu vas
Me prendre
La main.
Dessus.
Dessous.
Entre !
Ne me fais pas
Attendre
Demain,
Fais-moi
L'amour
De ma vie
Je veux connaître
L'extase !!

Ton corps glorieux

Ton sexe qui s'érige
J'adore les dénivelés !
Quand ça grimpe !
Je veux escalader
L'Himalaya
Découvrir
L'Everest
Pas besoin
De planter la tente
On dormira
A la belle étoile
La nature endormie
Se réjouira
De nos soupirs
Alanguis d'éternité !

La muse

Do Ré Mi Fa
Prends-moi
Sur le sol
Là, si doré
Je t'offre
Mon regard
En vol !
Vers moi
Tu chantonnes
Tu gémis
Tu égrènes
Mes cheveux
Comme les cordes
D'une guitare
Au fin fond
Je chantonne
Je frémis
Je m'amuse
Sans migraine
Ne pas feindre
Juste
Être vraie !
Chanter les notes...

Jeux amoureux

Qu'est-ce donc
Que tu brandis
Sous mes yeux
De louve
Affamée, je suis
De tes désirs sans faim.
Donne-le-moi
Que je te fasse
Vibrer
Tends-le-moi
A la vitesse de l'éclair
Pour assouvir ma chair.
Mes yeux sont humides
Je vois flou
Mais toi,
Ne vois-tu pas
Je brûle
Je brûle
D'amour pour toi !

Jardine

Jardine-moi
je brûle
de toit en toi
cultive mon être en friche
défriche mes sens
de la démence des maux
je hais ton absence
qui me prive de ta Chair
Ô mon univers
je voudrais jouir à l'envers
j'ai le gland
qui se grise
sous ta langue exquise
arroser ta danse cutanée

après l'envol déchaîné
ma douce folle
jardine-moi
quelque chose jubile
au tréfonds de moi

Vole

Vole par monts et par vaux
vole sur mon corps encore
brise mes ultimes tourments
braise mes silences
pulse mes sens
redeviens carnivore
et cannibale
oui cannibale
tu es animal
je suis anime-mots
je suis ton écho
chaparde mon cœur
sous les regards réprobateurs
prends-moi sans détour
d'une fougue ardente
je chavire dans le liseré
de tes yeux
ô souffrir de plaisir
quel plus bel aveu
d'amour et de désir
enfourche-moi sans rémission
effeuille ma lubricité
de ta volupté féline
l'horizon est dénudé
par une brise câline
un voile s'est levé
sur une hardiesse insigne

Aéroport

J'imagine
un brouhaha de voix de pas de vrombissements de sonorités
antagonistes de joies accordéonistes
j'imagine
toi
moi
nous
j'imagine
éperdument
l'attente
cette foule qui se croise se bouscule se hâte se hèle se houle
se hume s'enlace s'embrasse se toise
j'imagine
mon impatience
le regard rivé sur l'apparition
sur l'émotion
j'imagine
soudain
mon regard qui s'emplit de toi
qui n'est plus que toi
au milieu du brouhaha de la foule qui s'immiscent entre toi et
moi
j'imagine
toi qui hésites et avances à petits pas
le cœur battant le corps palpitant
vers moi
plein d'élans immobiles
j'imagine
l'émotion l'émotion
et nos yeux qui n'en finissent pas de se dévorer
et nos chairs qui vibrent de s'aspirer
et nos lèvres qui se rejoignent dans un baiser
infini
j'imagine

Une brise câline

Une bise câline
Vient caresser mon sein
Cerise je vire
Au rouge vif carmin
Tu affoles
Tu raffoles
Tu têtes
Et me fais tourner
La brise m'a soufflée
Et que j'aime
Ton souffle court
Sur mes hanches
Quand enfin tu laboures
A charge de revanche
Mon corps effeuillé
Soufflé par l'avalanche
Me voilà
A mon tour essoufflée
Me voilà prise
Au piège
De l'amour !

Telle

Telle est prise qui croyait prendre
la carte du Tendre
pour se retrouver
avec un jeu endiablé
Du diable vauvert
l'orgasme jaillit dans le calice
d'une amante émondée
je te veux sauvage
je te veux ravage
je te veux crue
je te veux nue
impromptue
je te veux jouissante
je te veux fulgurante

et ton galbe effréné
jusqu'à m'achever
dans une explosion instantanée
je veux être tienne
je veux que tu sois chienne
de garde de chasse de compagnie
de complot
Telle est prise qui croyait prendre
dans la carte du Tendre
une voie détournée…

Ta volupté féline

Je m'appelle Féline
A quoi bon
Epeler
Je griffe et je mords
Au plus fort
De nos nuits câlines
Les douces voluptés
N'ont pas de secret
Sens en alerte
Je reste
Quand tu m'enserres
De tes griffes affamées
Et que je me débats
Dans la capture
De la nuit
Conquise au Paradis
Des félins rois
De notre galaxie
De nos profonds émois
Je garde
Un souvenir en proie
Aux volutes héroïques
De nos nuits endiablées…

Au diable l'avarice

Pourquoi se priver ? Pourquoi se restreindre ? Pourquoi s'interdire ? Pourquoi se renier ? Pourquoi se réprimer ? Pourquoi se frustrer ?
Dis-moi, pourquoi ?
Je ne désire que toi. Je ne désire que nous.
Que la beauté alentour m'indiffère. Que le temps qui nous sépare m'insupporte. Que les jours qui nous déparent m'incommodent.
Je ne vois que toi. Je ne veux que toi.
Le printemps manque d'un certain éclat. Les saisons sont suspendues à ta voix. L'appétit est sans saveur. Les jours sont sans ferveur. Loin de tes bras.
Chevauche-moi. Grise-moi. Compulse-moi. Dépouille-moi. Découvre-moi encore. Vibre-moi toujours.
En corps. Tous jours. À jamais. Pour l'éternité. Dans les siècles des siècles de notre vérité. De notre liberté.
Dévêts-toi jusqu'à plus soif, jusqu'au tréfonds de tes entrailles. Sublime-moi avec allégresse, j'ai besoin de ta liesse.
Un papillon caresse l'air dans la torpeur d'un printemps bouillonnant. Les fleurs étincellent sous mon regard incandescent.
Je t'attends.

Je veux

Je veux que tu sois
ma femme
ma compagne
ma maîtresse
je veux que tu sois et viennes
à moi
à toi
à nous
je veux que tu viennes
pour nous
pour moi
pour toi
je veux que tu viennes et prennes

mon cœur
mon corps
mon âme
Cesse de craindre d'insignifiantes craintes
ta chair palpite autant que tes mots
ton envie s'immisce dans chaque écho
tu es dépassée
car conquise comme une aurore boréale
quitte ta banquise et
sois !

Je te cherche

Je te cherche mon amour
A peine le regard ouvert sur la lumière du jour
la nuit de ton absence me suffoque
d'un charnel soliloque
Je te cherche ma chatte
dans ce nuage qui se pavane sous mes yeux
dans ce ciel trop bleu sans l'éclat de tes seins
dans cette femme qui me sourit de loin
dans cet oiseau qui lui peut rejoindre tes bras
dans cette photo qui me rappelle que tu es belle
dans ce silence qui amplifie la stance de mes soupirs
dans ce jardin qui se languit de ton rire cristallin
Je te cherche mon amazone
Dans les vibrations affamées de mon corps oppressé
par le souffle étreint de ton exil contraint
sous un horizon chagrin

Sous mes yeux

Je te découvre
Tendre et grand
Nos deux cœurs
A l'uni son
Chantent
L'âme sœur

Comme tu es beau !
Sous mes yeux
Eblouis
Nous disons oui
Au serment que l'on prête.
Sous mes yeux éblouis
Je te dis oui !
Ne me laisse pas
Te parler
D'autre chose...
Ecoute mon cœur
Qui bat la mesure
Notre amour.
De mes yeux
Tendres et grands
Je te couvre
De mes yeux
Tendres et francs
Je te couve
De mes yeux
Je te louve
De mes yeux
Je te love...

Notre maison

Les murs halètent après toi
les miroirs suintent du mal de toi
les lumières chancellent à la seule pensée de toi
les tableaux balbutient à l'écoute de ta voix
Tu n'es pas là
pourtant
la maison est déjà pleine de toi
elle te respire par tous les pores de sa joie
elle est toi
tu es elle
elle te couvera à chaque instant
à chacun de tes pas d'hirondelle
Je ne te laisserai pas

crois-moi
parler d'autre chose
que d'amour et de bonheur
de liberté et de nous
Nous rayonnerons en chœur
dans l'alcôve de nos émois
bien au chaud sous nos draps
encordés par nos sexes en-vie…
Tu ris ?

Le loup qui danse

J'ai dansé avec toi ce matin
sur l'horizon de mon jardin
le ciel était bleu vie
comme tes yeux de catin endormie

J'ai dansé avec toi ce matin
l'air embaumait le lavandin
tout bougeait en moi
l'amour est joie

J'ai dansé avec toi ce matin
demain toi et moi
l'amour est un festin
lorsque les cœurs sont en foi

J'ai dansé avec toi ce matin
l'air embaumait ton entrain
ma Lady à dorer d'émois
qui m'ouvre ses bras en croix

J'ai dansé avec toi ce matin
tout bougeait dans mon corps plein
ô glisser la clé de mon vit en satin
dans la serrure de ton con écrin

Et danser avec toi sans fin
jusqu'au bout de tous les matins
dans la douceur de nos mains !

Émerveillements

Je te garderai
pour nous
pour m'émerveiller de tes émerveillements
pour me réjouir de tes jouissances
pour m'éblouir à l'alacrité de ta voix
pour jouir de l'acmé de tes plaisirs
pour grandir dans chacun de tes pas
pour m'ouvrir à chacun de tes soupirs
pour respirer au souffle de ton être
je te garderai
pour moi

la vie
auprès de toi
est un vertige
de chaque instant

Je te garderai
pour toi

Tu n'as plus le choix
tu t'es livrée
à nous

Dans le miroir

Elle prit la pause
Les yeux brillants
De désir elle s'offrit
A l'image
Que lui renvoyait
Le miroir sans nom.
De chaque côté
De l'autre côté
Ses jambes offertes
Dévoilaient son sexe
L'image rebondie
D'un infini profane.

Que lui valait
La tenue
Avec lui
Toutes les audaces
Dans le miroir
Elle se caressa
Du regard
Elle gémit.
Que lui valait
La retenue
Avec lui
Face à face
Elle chantait
Légère
Et détenue
Prisonnière
De son image
Mais tellement libre !

Voyage

Ma verge divague
sur les vagues de sa vulve
vagabonde dans son vagin
qui abonde de voluptés
voyage
je ne sais plus où exhaler
Et ses lèvres qui m'abreuvent
d'une indicible vérité
volubile comme l'onde
qui me fait décharger
voyage
je ne sais plus où respirer
Et son corps qui vogue
dans les volutes vibrantes
d'un tempo endiablé
j'éjacule pour l'éternité
voyage
je ne sais plus où me réfugier
Dans son anal liberté ?

Voyages

Il est des voyages
De l'esprit
Le corps s'en ressent
Comme par enchantement
Il est des voyages
De l'ennui
Le corps s'en pressent
Comme par acharnement
Mais nul autre voyage
N'est plus beau
Que le bleu
De tes yeux.
Marcel
Tu es tout
Tout un voyage
A toi seul
Mon ciel étoilé
Ma merveille !
Du monde
Je ne veux
Faire le tour
Avec toi
Par Amour
Je voyage
Sans détours...

Pour

Pour ton rire
plein de vie
Nathalie.
Pour ta voix
pleine d'envies
Nathalie.
Pour ton corps
plein d'encore
Nathalie.
Pour ta chatte

pleine de strates
Nathalie.
Pour nous deux
plein de liesse
Nathalie.
Je cueille les jours
afin d'en faire
un bouquet de nuits.
Nathalie !

Ballade exotique

Sa chatte griffe ma bouche
de ses poils nubiens
au gré de sa croupe
au galbe félin
Je suis son féal
dans le lit de ses câlins
je suis son vassal
dans l'antre de son vagin
Son ventre gravite
autour de mes mains
au rythme de la cambrure
de ses reins d'airain
Que tu es belle sans culotte
à l'ombre du soleil qui
nous décalotte !
Galope ! Virevolte !
Virtuose ondine
j'ai la rage de jouir
dans une voracité ultime
avec la fulgurance des amants
à jamais inassouvis.
Jouir d'abord
et prendre le temps après
d'explorer le décor
de nos charnels apprêts.

Qui suis-je ?

À la lisière de son âme
je planterai mon cœur
l'amour est une femme
qui embrase l'horizon
Qui suis-je pour que mes vers
proclame la fin de notre hiver ?
Qui suis-je pour vouloir son festin
dans le champ clos de notre destin ?
À la lisière de son corps
je planterai mon sexe
le désir est une femme
qui embrasse les saisons

Notre destin

Je veux le prendre
En main
Et en bouche
S'il est possible
Saisir
Toucher
Du bout de l'âme
Ceux qui
Sauront
Mieux,
Que personne
Ne pourra
Nous séparer.
Notre destin
Je l'imagine
Dans l'écrit
D'un nouveau
Né.
Poème qui voit
Le jour
Nourrisson
Fébrile

Bien différent
Ce qu'on attend.
Il traverse
Notre cour
Elégant et sensuel
Notre destin.
Il se mêle
Aux parfums
Il ne compte
Et ne dompte.
Il se mêle
Aux saveurs
Il ne ment
Et ne dément.
Notre destin
Je l'imagine
Bien plus fort
Que nos envies
Fait de toits
Fait d'émois
Fait de Tout
Ce qui nous
Réunit.
Notre destin
Je veux le prendre
A bras le corps
Corps et âme !

Échos lointains

Demain
dès l'aube
j'irai vers toi
vers un destin bien plus fort que l'envie
la place rouge sera vide
il n'y aura que toi-moi et la vie.
Entre tes bras
je suis un bateau ivre
de foi et de joie.

Ne me quitte pas
ne me quitte plus.
Que serais-je sans toi
qu'un balbutiement à l'ombre du tant ?
Un seul être me manque
et je m'empresse de repeupler
notre jardin de charnalité.
Sens-tu ce courant qui nous pousse
sous le pont Mirabeau ou le quai des Bateliers
comme de jeunes pousses plein de vitalité ?
J'aime voyager dans le sillage voluptueux
de tes jeunes seins qui brillent sous la lune
sur mon radeau de fortune.
Même quand tu marches on croirait que tu danses
sous mes yeux élancés vers ta prestance.
Entends-tu les échos lointains de toutes ces amours
écloses dans l'onde poétique de leurs mains ?...
Je te rêve bien plus en vers libres
qu'en quatrain.

Envoûtement

Ses seins dansants
sous son décolleté béant
égaraient mes yeux
en des contrées bleues

Me perdre dans l'échancrure
si veloutée et pure
de ses seins pensant
à des baisers chahutant

N'entrave pas la liberté
de tes seins si légers
laisse-les malicieusement
effleurer mon regard errant

Danse

Jusqu'au bout
Des pointes
Vibrer…

Danse
Tourne
Saute
Virevolte

Nos corps épris.
Souffle court
Je suffoque.

Gambille
Gigote
Valse
Dansote

M'accordez-vous
Monsieur
La première ?

Frétille
Ondule
Valse
Gesticule

Souffle haletant
Je m'affole.
Je suis l'étoile

Agite
Remue
Trémousse
Dandine

Danseuse
Au firmament
De tes pas.

Accordéon

Accordéons-nous
soyons fous
soyons tout
soyons
soyeux comme au premier jour
va-et-vient
de haut en bas
clapotis de chairs
à cru
ancrés au plus profond
de l'antre fécond
entrejambe
entre-deux-mers
entre ciel et terre
entre toi et moi
et le désir moite
de nos émois ventre à terre
Accorde-moi
comme une guitare de guingois
suce branle baise braise
brise
mes ultimes méprises…

Entre-deux-mers

Entre deux terres
Je n'ai pas pu me taire
Et te dire le courage
De rejoindre le bord
Alors que je surnage
Tu m'as tendu la main
Je me noyai
Dans un océan
Sans faim
Nourrie enfin
Je reprends goût

Nos langues salées
La mer délaissée
Je reprends goût
Mon amour
Entre !
Des flots
De tendresse
Inondent mon corps
Apaisée
 Je suis.

Au plus profond

Au fond,
La vie
C'est profond
Touchée
Par toi !
J'apprends
Le pouvoir
Des mots
Retournés
Bouleversés
Le fond
De mon cœur
Est passé
Par toi
De l'autre côté...

Sensualité charnue

Sensuelle charnalité
De l'autre côté
de l'humanité
la vie
Viens
vite
Par la voix
de notre voie de traverse

Flâner…
Sur la
sensualité charnue
d'un bonheur éperdu
La vie
est en toi
tel
un feu de brousse
Sens-tu
comme je suis
à tes trousses ?
J'ai faim
de toit
…

Adulte erre

L'adulte erre
dans les méandres tortueux
de l'innommable
Parfois
Adulte hère
aussi pauvre que misérable
avec ses doigts
intolérables

Adulte air
sur l'aire d'un amour
libéré
Les bras s'ouvrent
les cœurs accord
les corps en chœur
Dans un souffle de vie
infini !
L'amour ne se décide pas.

La peur

Qu'est l'amour face à la peur
qui ronge l'âme et l'esprit ?
Peu de choses
Un insidieux
feu de paille
qui calcine la vie
comme une agonie
de soi

Tu veux vivre
mon amour
tu veux vivre
Vas-tu y renoncer
pour retourner vers la mort
qui t'a fécondée
Par peur de la liberté
ta liberté
notre liberté ?

Appariement

Où est l'amour
dans cet appariement factice
propice à la mort de l'âme
à cet engluement des jours
ce ternissement du regard
Où est l'amour
mon amour
J'attendrai
Que vienne le temps
où ton cœur
fleurira
à nous

Vas et vis
la vie venue
vole vers l'ivresse
Vas et viens !
Je suis debout.

Pulpeuse

Pulpe de vie
pulpe d'amour
pulpe de chair
ma voluptueuse volupté
incarnée
jusqu'au bout de tes cils
ma jouissance réjouissante
exaltée
jusqu'au tréfonds de ton être
emporte-moi encore
vers les contrées inespérées
de nos sens révélés
dans le fracas
d'une fulgurance
inachevée.
Je te veux !
Nue
comme premier jour

Nos sens révélés

Nos sens ailés
Sont des rêves
Nos sens zélés
Sont des trêves
Nos sens mêlés
Sont des sèves
Nos sens
Essence de tout naître
Nos sens
Alliance de tout être
Nos sens
Innocence !
Nos sens
Réveillés !

Nos sens
Interdits !
Nos non-sens
Nos cinq sens
Nos défis
Au bon sens,
Nos routes
A double sens,
Nos sens
A sens unique,
Nos sens
que l'on flatte,
nos sens
Que l'on force,
Nos sens
En tous sens,
En dépit
Du bons sens.
Nos sens
No sens !

Sens ascensionnels

Sens ascensionnels
séance tenante
sens giratoire
dans ses dessous affriolants
en clé de sol
pour une clé des chants
Chant partisan
en clé de voûte
dans le champ de nos corps
accord intime
Accord sublime
dans nos corps en friche
en fraude
Je m'en fiche
Le bonheur s'affiche
au fronton de la vie

telle une enseigne effervescente

Sens inique
que l'amour retenu
que le désir contenu
par la peur du
Vide
absolu.

Ô liberté quand tu nous aspires…
Ô désir quand tu nous inspires !
Ô amour quand tu nous respires…
Tous nos sens sont en éveil
et je m'émerveille
en tremblant.

Con-sentant

Femelle en rut
sur mâle en chute
libre

elle
culbute le calbute
avant qu'il jute
ivre

et
geint gémit glapit
chuinte crie
et chuchote

loin de la culotte
gisant dans l'étendue
d'une torride gavotte
charnue

.

Chatterie

Vent de folie
balayant les doutes
d'un revers de main
gorgé d'envies

Je te broute
le con qui
se déhanche
sur mon manche
confit

Je te baratte
la queue
dans une chatte
en feu
follet

Vent de folie
un jour de printemps
cambré sur l'enduit
des deux amants

Vieillir

Vieillir à tes côtés. Jour après jour. Année après année.
T'aimer. Te désirer. À jamais et pour toujours. Avec l'intensité
d'une danse d'amour sensuel. Vibrer à perdre haleine. Danser.
Danser inlassablement la vie dans tes yeux. Dans ton cœur.
Dans tes mots. Dans ton corps épanoui par tout ce qui jouit.
Vieillir et m'accomplir. Dans le sillage de ton rire chantant.
De ton allégresse créatrice. Dans nos baisers infiniment
flamboyants.
Le soleil descend. La lune monte.
Ils seront amants jusqu'à la fin des temps.
Comme nous. Assurément. Comme nous. Éternellement.
Dans un souffle de lumière rédemptrice. Qui engendre la vie
par-delà la vie.

La mort est une symphonie emplie d'espoir et de désir.
Je crois que j'ai encore envie de toi. Il y a des jours où rien ne résiste au bonheur de rejoindre ton être réjoui. Vieillir dans le lit de l'amour qui nous construit. Et nous conduit vers l'au-delà de nous-mêmes. Et grandir. Encore et toujours grandir. Auprès de toi. En toi. Avec toi. En vieillissant. Mon amour.

J'ai

J'ai une peine
en proie au pire désarroi
j'ai une joie
en peine de toi
j'ai ta voix
qui m'enchante chaque fois
j'ai ton corps
qui hante ma scène
j'ai la Seine
qui ruisselle en toi
j'ai le sexe
en mal de nous
j'ai le cœur
au bord de l'Infini
et j'ai toi
au creux de ma vie

Ma scène

Elle est peuplée de peurs
Du regard qui effleure
Le long de mon corps
Elle est peuplée de fleurs
Qui désormais affleurent
Le long de mon corps
Elle est peuplée de toi
Qui me redonne un toit
Le long de ma vie
Elle est peuplée de moi

Dans tout mon émoi
Le long de ta vie
Ma scène,
Ma sienne
Tu m'enrubannes vers un ailleurs qui m'attire comme les étoiles au firmament
Ma scène
Ma Vienne
Tu me plonges dans un abîme d'où je remonte en nageant dans le bonheur
Ma scène
Est tienne
Ma scène
Est reine
Ma scène
Est saine
Tu m'ensorcèles
Je t'aime...

Mort

Tu m'ensorcelles
jusqu'à me perdre
dans la nuit
du tant
Mais comment se perdre
par amour
si ce n'est dans le goulet de la lassitude ?
De l'effritement des jours et des nuits
de solitude oppressée
La mort rode sous les tombereaux de peurs
sourdes
à la vie
insidieuse et sournoise
comme ces regards
qui fuient
sans bruit
vers l'ennui
et la survie
Mon amour

sauvons-nous
vers la vie
qui ose
à pleins poumons

Eurêka

Eurêka
je ressuscite
je l'aime
que l'amour est bohème
que la mort est blême
je l'aime
elle s'agite
eurêka !

C'est le trépas
de la mort
qui était sur nos pas
elle m'aime !
Je crois.

N'attends pas

N'attends pas
que la vie vienne vers toi
vas vers la vie
avant qu'elle ne se dérobe sous tes pas
Aie la foi
en toi
Aie la foi
en l'Autre
Le train de l'existence
ignore les indécis
il file sur la voie
de l'envie

Pénétration multiple

La queue dans le con
là que tout est bon
là que je te rejoins
là que je t'explore
la bride sur le cou
et le cul à point
Jouir et juter
dans la joute
jouissive
de nos joyeuses
jubilations
Suce et je te sauce
le derrière et le devant
allègrement
la tête nichée dans un nid
de nichons nénuphar
un peu hagards
Et ta main qui nous branle
à tout hasard
Il y a tant de jouissance
en retard…

Hésitations

De certitudes en inquiétude
de conviction en convulsions
chaud froid
froid chaud
entre peur et lueur
entre cendres et tendres
entre luminosité et obscurité
je vogue
je vague
à vue
brume d'amour
dans la flamboyance de jours
en partance

pour ailleurs pour toujours
à jamais
sur l'avenue de nos cœurs
nus
mus
par l'évidence
qui danse
à corps et à cri

Insidieuse
Paralysante
Pétrifiante
Suffocante
Vicieuse
la peur
Source
de petites morts
pernicieuses
Terre
immense boule d'angoisses
de dégénérescence vitale
d'absence d'espoir congénitale
Mère de toutes les père-clusions
L'humain n'est rien
dans l'étau étroit de ses peurs
L'humain est tout
dans le champ infini de ses libertés
Crois en toi
et la vie te choiera.
Et le corps et l'esprit s'embraseront
de joies !

Brume d'amour

Tu m'as donné
Ce qui m'attendait
L'Amour !
Un amour inconditionnel
Sans zèle...
La brume soudain
Enrubanne,
Volée je deviens
Dérobée à mon âme,
Mon cœur floconne...
Pourvu que la brume
Dissipe mon naître
Pourvu que la brune
Dissipe son être
Dans l'ivresse
Des nuits sans fin.
Pourvu que la brume
Caresse ma tête
Pourvu que la brune
Libère la dette
Dans l'enthousiasme
Des lendemains.
Chemin faisant
Et pas à pas
Tu gagneras
Mon cœur
Et bien plus que cela
Tu gagneras
Le gîte qui à l'orée du bois
Recevra nos deux âmes
Embrumées de soleil !

Illusion d'optique

De brume il n'y a pas
il n'y a que l'illusion
engendrée par des peurs
vindicatives
De brume il n'y a plus
sous le soleil elle a disparu
comme une illusion apeurée
par sa futilité
Il n'y a que deux corps
enlacés et interpénétrés
dans une forêt de songes
soudain incarnés

La venue de nos cœurs

Délit de vitesse
Je m'accroche
Sur l'avenue de nos cœurs.
Flashés en plein délire
No limites…
Les gens d'armes
Rien changer…
Je m'accroche.
En plein délice
Nous voguons
De justesse divaguons
Ralentis mon chéri
Je t'en prie.
Accélère mon amour
Fais-moi peur.
Accélère
Fais-moi peur.
Stop !
Décente

Quintessence
Descente
Aux ans fermes
Bien partis
Nous voilà
Grand merci
Cœurs épris.

Tabernacle

Dans ton tabernacle
répandre
toute ma semence
ivre de jouissance
Ambre
dans ta chambre
incarnée
mélangée
aux embruns abondants
de ton allégresse
mouillée
Foutre
jailli
de mon coutre
qui laboure
tes flancs charnus
Ô ton con
si velouté et chaud
offre-le encore
à mon appétit
décuplée
dans une orgie
de sens
en infraction

Rivages

Sur les rivages de ta chair dévoilée
à l'ombre de ton regard apaisé
j'irai poser mon cœur en dentelle
sur ton âme sereine et sensuelle

Dans la crique de ton sexe évasé
à la lumière de tes sens déployés
je fonderai mon extase épanouie
dans ta plénitude aux contours infinis

Ravages

Ravages sur les rivages rauques des émotions
supplice tentaculaire
de l'absente
de l'absinthe
de l'absurde
de l'abstinence
de l'ab-soluble
dans le temps
telle une décoction
de menthe poivrée
poivre et sel
Tu m'en diras tant
Errement éreinté
de l'attente
éreintante
Asphyxie oppressée
Petite mort
Grande désespérance
L'Amour
comme
la Vie
se mérite

Asphyxie oppressée

*Je suis pressée
D'en finir.
Libérer les mots
Lâcher la pression...
Je suis pressée
D'en finir.
Que m'importe
La vie
Si ce n'est l'amour...
Respirer
Enfin souffler
Sans peine,
A plein poumons...
Aspirer l'air
Respirer
L'air de rien,
Le plus simplement
Du monde.
Me reposer.
Le souffle court
Combien de fois
As-tu pensé
Mourir ?
Bouche à bouche
Rends-moi la vie
Je suffoque
En mort subite.
Embrasse-moi
A pleine bouche
Douce asphyxie.
Respire-moi
Par bouffées
Délirantes,
Aspire-moi
Par gorgées
Délivrables !*

À perte de vue

J'ai le monde à mes pieds
à perte de vue
l'horizon est bleu comme un jour sans pluie
Érection sous le soleil
désir sans pareil
Plonger
dans ton univers charnel
Avec le monde comme témoin universel
Sentir ton con
autour
de ma trique exaltée
et
jouir
Jouir à en mourir de Désirs
dans une chevauchée
orgasmique

Ton univers charnel

Rejoue-moi la même
Nuit de délire charnel
Réjouis, moi la pucelle
Que tu démuselas
Rejoins-moi au lit
Fais-moi te dire oui
Jusqu'à dépucelage
J'ai envie de ta chair
Envie ton univers
Ne laisse pas se taire
La débâcle de mes vers
Rejoue-moi la belle
Nuit de délire charnel
Réjouis, moi la jumelle
Que tu déficelas
Rejoins-moi au lit
Fais-moi te dire jouis
Jusqu'à débauchage

J'ai envie de ta chair
Envie ton uni vers
Ne laisse pas se taire
La débâcle de mes paires
Laisse-moi déjucher
Et voler vers ton sexe
Avec un appétit de louve…

Je te réjouirais tout

Je te réjouirais tout si tu le voulais,
si la vie était plus forte que la mort,
que la peur qui te broie tellement fort
l'esprit et la flamme de tes souhaits.

Je te réjouirais tout, et bien davantage,
si l'amour dévorait les barreaux gris
de tes sombres prisons d'outre-Vie.
Vivre est un horizon plein de sillages…

Je te réjouirais le cœur et les sens nus,
si je le pouvais, moi, misérable engeance
percluse de toi jusqu'à en être éperdu.
Mais je ne suis que l'ombre de tes errances.

Je pleure toutes les larmes de mon être
sur cette peur qui va nous faire disparaître,
peut-être. Je pleure le cœur en bandoulière
d'avoir peut-être trop espéré en la lumière
du jour.

Crudité

Nuit de délire charnue
ton cul en bataille
caracolant avec fracas
sur ma queue époumonée
Et tes nichons qui s'emballent

au gré effréné
de ta croupe endiablée
Qui suis-je dans le tréfonds
de ta chair emperlée
De nos corps poissant
et essoufflés
Je suis aussi éperdu que perdu
Baiser
à en choquer la nuit
sur le champ voluptueux
de tes sens insensés
Baiser
jusqu'à divaguer sur nos corps
indifférenciés

Concupiscence

Elle avait un cul croquant
et des seins craquants
qui swinguaient gaiement
à mon corps consentant
Bouche vivace
Regards flambants
qu'elle offrait à dessein
à ma con-cul-pis-sens
Femme-fontaine
de nos désirs antédiluviens
elle allait voracement d'amble
sur mon chibre quatrain
Ma bouche n'aspirait
qu'à inspirer sa fleur ivre
et volubile à souhait

Cunnilingus

Boire à ta source le nectar de ton corps qui abonde à ma bouche dans un flot de « encore ». Laper l'ondée savoureuse de ton désir s'écoulant sur mes lèvres dans une profusion d'extases ininterrompues. M'enivrer de toi à en perdre le sens du temps et de moi, ma ritournelle sentimentale.
Je suis avide de vie et de vide sidéral. Je suis avide à en être évidé de tout le superflu qui m'encombre, pour te désirer à corps éperdu. Ma tête plongée dans la crique de ton entrejambe inondé de bonheurs tant attendus.
Mon amour, te vénérer sans retenue, sublimer ta chair dissolue et libérer ce plaisir contenu dans les méandres d'un passé désormais révolu. J'ai faim de ton sexe, de ta jouissance insatiable, plus que tout.
Cajoler, brouter, mordiller, conspirer, lécher, lamper, suçoter, taquiner, exhorter jusqu'à l'obséder, l'antre sensuel de ta charnalité émancipée par la liesse de nos accords sexuels. Je n'aspire qu'à cela de l'aube au crépuscule.
Et ma main qui s'invite dans le tréfonds humide du plus intime de ta jouissance troglodyte. Savourer son essence du bout de mes doigts que ta volupté excite inlassablement.
Tout l'art d'aimer est dans ces instants plein d'ivresses impromptues que ma bouche dessine d'inspirations goulues.
Ma douce, sais-tu que ton sexe, ton orchidée à la pudeur tropicale, est une invitation à des voyages au plus profond de l'inconnu, à des incitations bacchanales ?

Souffrance existentielle

L'amour peut-il tuer l'amour ?
La peur au ventre que reste-t-il à espérer, que reste-t-il à prendre ?
Que reste-t-il à perdre si ce n'est la Vie ?
Mourir à soi-même, l'âme déconfite, défaite par trop d'intempéries.
Quel est ce tsunami sensuel qui bouscule, qui dévaste une trop quiète platitude émotionnelle ?

Et ce désir si impérieux que rien ne vient apaiser ? Ce désir oppressant au point d'en crever lentement. Faute d'issue autre que le temps. Attendre. Attendre et souffrir de cet insupportable manque d'elle. De nous. De tout. À en perdre le sens du jour. Et de la nuit. Et du lendemain. Et du maintenant. Vivre avec ce corps vibrant de douleurs. Ineptes. Insanes. Insalubres et insolubles dans l'oubli.
La peur dans chaque recoin de son être meurtri que reste-t-il à attendre d'une aurore en sursis ?

Inquiétudes impuissantes

Ce silence
tapi dans l'ombre
assourdissant
entre les tympans abasourdis
par une inquiétude suffocante
qui encombre
la nuit
de ses remugles sombres

Apnée émotionnelle

Ce silence
éprouvant
la peur au ventre
face à l'absence de nouvelles
qui s'insinue bruyamment
dans les moindres recoins
d'un esprit épris à la folie
d'elle

Ô mon amour
cette angoisse mortifère
de ne pas savoir
qui me ronge
De te savoir seule
dans la tourmente
des sentiments échus

est une insoutenable déferlante
éperdue

Que je hais cette solitude
des amants écartelés
dans les décombres d'un couple finissant

Fantasme

Ne pas être le fantasme
d'une femme ectoplasme

D'une femme pléonasme
qui se dilue dans ses miasmes

Mais devenir l'orgasme
d'un être libéré de ses spasmes

Saura-t-elle s'envoler dans les bras
d'un amour conquis avec fracas ?

Petite mort

La nuit a englouti le jour
c'est fini
c'est la fin d'un amour
aussi long que court
la peur a vaincu la vie
c'est fini
la nuit a regagné la nuit
après une escapade
en plein jour
à pleine vie
c'est fini
la vie continue
l'amour aussi
tant qu'il y aura de la vie
c'est ainsi

c'est fini
elle en a décidé
sans bruit
où est la vie
où l'envie
c'est fini
et tout continue
et tout recommence
et le jour n'est jamais loin
et la nuit si douce…

Halètement

Loin
Si
Loin
En
Elle
Si
Loin
De
Tout
Et
Tant
Conquis
Par
Sa
Conque
Qui
Ruisselle
Sur
Lui
Jouir
D'Amour
Fauves déchaînés
Cœurs enfiévrés
Par
Tant
De

Désirs
Partagés
Sur
Un
Lit
De
Soupirs
Emancipés
Avec
Une
Telle
Fougue
Et
Folle
Ferveur
Frétillantes

Sous la douche

J'approche
Ton corps lisse,
Tes pieds nus,
Que je découvre,
Comme au premier jour.
Je couvre
Ta bouche,
Que je goute,
Humide
Et chaude au premier tour.
J'accoste
De mes lèvres,
Endiablée,
Ton sexe devenu sourd.
Dans la cour
Des grands
Je veux jouer.
Aux amants
Laisse-moi
Leur dire

*Que l'eau de là
Te touche.
Qu'il n'est
Plus grande jouissance
Que nos corps savonneux
Rapprochés dans l'intime.
Conviction d'éternité !
Vaincue je m'avoue
De ta langue charnue
Tu mouilles mon entre.
Jambes acrobatiques
Je surnage
Entre deux eaux…
Le temps d'un soupir…
Il y a pire !*

Prière venteuse

Ce vent qui
décoiffe les doutes
d'un revers de souffle intempestif
ce vent qui
balaie les malentendus
de regards par trop malentendants
ce vent de fraîcheur et d'envies
brasse la nature à grand bruit
pendant que je pense
à elle
Dieu délivre-la de la mort
qui voile sa vie
fais-la vibrer
aux quatre vents
de son être renaissant
en plein tourment.

Guitar dead

Une guitare pleure sur l'horizon.
Les cordes tendues
par un émoi mortifère.
Fulgurance des sens
éteinte
par la frayeur de vivre.
Vivre et non survivre
même sous le soleil.
Il est seul
sur le pas de leur cœur.
Attendre le bonheur.
Ou continuer son chemin.
Il est des peurs comme des antiennes
pétrifiantes.
Tels des refrains lancinants.
Une guitare pleure.
La mort vaincra-t-elle l'amour ?

Impermanence

Vivre au risque de la Vie.
Oser. Vivre par-dessus tout. Oser. La vie est Impermanence.
Oser. Chaque respiration est un instant d'éternité. Oser. Sans craindre de perdre.
Que peut-on perdre à part la vie ? La face ? Le sens ? Rien n'est pire que de perdre le sens de sa vie. De son être. Rien n'est pire que de paraître pour sauver les apparences.
Tout n'est que rémanence, absence, silence, déliquescence, dégénérescence, sentence, lorsque l'autre est en errance.
Déshérence, il est en déshérence amoureuse. Abandonné sous Bételgeuse. Le cœur en danseuse sur le cycle du tant qui tance avec véhémence son absence.
Vis avec flamboyance. Vis l'existence comme une délivrance de soi-même. Vis en toute conscience.
Et nous danserons sous les étoiles à en perdre le souffle.

L'amour au téléphone

Elle décroche lascive
Déjà elle salive.
Sa voix qui l'enivre
Vers le baisement de sa mue
Sa voix seule qui la guide
Vers le battement de sa vue.
La voilà qui raffole
Des va et vient
Je t'attends.
La voilà qui affole
Des va et vient
Je te veux.
Mon ange
Gardien des je t'aime !
Elle décroche lascive
Déjà elle pâlit
Et tressaute
Et sursaute
Secouée
Par l'aplomb
Des vibrations de son cœur.
Obéir
Aux pulsions...
Il la tient
Obéir
Aux pulsions...
Il détient.
De son Destin
Les clefs
Sont entre
Ses deux mains.

Des kilomètres

Ils nous séparent
Toujours pesants
Ces kilos maîtres
De nos absences.
Veux-tu
Que je me rapproche ?
Voler vers toi
Te rejoindre
Te toucher
Au creux d'un lit
Parfumé et froissé
Des faits de nos nuits blanches.
Que je me rapproche
De toi mon génial,
Amant de toute une vie.
Que je touche ton âme
Au plus près me brûler
De ta chaleur animale.
De tes fantasmes
Aux orgasmes
Les plus délirants
Insatiable je suis.
De ta peau sur ma peau
De tes mains dans mon ventre
De tes lèvres sur mon antre
Fouillant mon âme
A la recherche
Du temps perdu.
Pas la peine
D'en faire
Des kilomètres
Pour comprendre
L'évidence
Qui nous lie !
Ils n'auront pas raison
De la fièvre qui gagne
Ils n'auront pas raison
De l'amour qui nous pâme

Grignotés pas à pas
Je les avalerai.
Je viendrai te trouver
A vol d'oiseau
Je marcherai des kilomètres
S'il le faut,
Je viendrai !

Des-espérances

Peu à peu
pas à pas
faire fondre
la farouche
chatte
aux abois

Sous le regard
de deux tourterelles
entre-deux
entre nous
avec entrain
dans l'entrejambe
qui ruisselle
d'un entremet
à l'onanisme
partagé

Suce-moi
tète ma queue
à plus soif
ta main la caressant
avec faste
lèche mon désir
jusqu'à plus faim
jusqu'à l'instant
où mon plaisir
lâche ses freins
arrosant ton visage
et tes seins

Peu à peu
pas à pas
faire fondre
la farouche
chatte
aux abois
pour ne pas mourir
à soi

Échos

J'ai vu l'écho
Entendu l'écrit.
Endormie l'aurore !
Sur le point de répondre
A l'appel du point G
Je me suis endormie.
J'ai tu et
Ce corps
Me rappelle
Que je suis femme
A en mourir de honte
Ouvrir les yeux
Sans faillir
Je préfère mourir
Et renaître à moi- même...

Lit

Lis-tu dans mes yeux
Comme moi dans les tiens ?
Lies-tu mes sentiments
Amoureux fous aux tiens ?
Lit,
Mes mots doux au creux
D'un lit qui craque.

Toi mon délit
Flagrant de désir
Que serons-nous ?
Réunis pour dire oui ?
Amants de toute une vie ?
Je l'ignore
Je l'ignore !!
Oublie-moi
Si tu l'imagines
Libère-moi
Si tu libertines...
Mes mots jouent
Au creux d'un lit
Qui craque
Lit,
Lit,
Lit
Lit de doux leurres...

Des mots

Juste des mots...
Dis, tu y crois toi
Au pouvoir des mots ?
Les mots chéris,
Les mots amour
Tu imagines toi
Que ces mots-là
Transfigurent ?
Juste des mots...
Dis, tu y crois toi
Au pouvoir des mots
Les mots jamais
Les mots plus
Tu imagines toi
Qu'ils tuent ?
Juste des mots...
Dis, tu y crois toi
Au pouvoir des mots ?

Les mots bébés
Les mots à vie
Tu imagines toi
Qu'ils accouchent ?
Juste des mots...
Dis, tu y crois toi
Au pouvoir des mots ?
Les mots mari
Les mots femme
Tu imagines toi
Qu'ils s'accouplent ?
Juste des mots...
Dis, tu y crois toi
Au pouvoir des mots ?
Les mots malades
Les mots éteints
Tu imagines toi
Qu'ils enterrent ?
Juste des mots ?

Minou

Je me sens aliénée
Attachée ici à
Je sais quoi
Qui m'empêche
De te rejoindre ?
Pardon chéri
J'ai pleuré toute la nuit
En regardant le ciel
Rejoindre les étoiles
Et pour une fois
Briller
Pour ne pas m'éteindre.
Je te cherche toujours
Ce n'est pas un jeu
Juste un je mal assumé
Tu te souviens
Je parlais déjà

D'une petite chatte
Mal assurée
Je n'ai pas menti.
Je me sens petite
Mal assurée
Pour affronter
Les ruptures
Ce matin
Mes yeux sont éteints
Mon âme vacille
Envie de rien...

Point de chute

Qu'est un amour
sans chair
sans regards
sans nuits partagées
sans jours incarnés
sans étreintes éperdues
sans vie donc
Une illusion
ne peut pas rester une illusion
indéfiniment
Il faut un oasis
de désirs
dans le désert de nos soupirs
existentiels
afin que l'être respire
il faut un oasis
de plaisirs
trois dans des corps à corps exaltés
par des cœurs enlacés
Faute de sombrer
dans la désillusion
d'une illusion trépassée
d'un fantasme
mort-né
Comment l'amour pourrait-il vivre autrement ?

Atterrissage forcé ?

Le tarmac est désert
plus d'avion pour le désir le plaisir le jouir
il pleut des cordes
sur un amour qui se cherche un avenir
plus d'avion pour rire écrire construire
il pleut des cordes
sur une angoisse en mal de devenir
le tarmac est vide
sous un ciel morose gorgé de soupirs
que dire qu'espérer qu'attendre
le temps s'étire
le désespoir transpire
le doute conspire
et le soleil
où est le soleil ?
derrière la pluie ?

Le pays du Soleil Couchant

Elle pleure là-bas
sous les palmiers obscurcis
par la mort d'un cri

Mon prince

Je n'ai jamais pensé que mon prince viendrait
Je n'ai jamais cru au maillage des cœurs...
Mon prince tu m'es apparu
Sous une forme
Pour le moins inattendue
Et jusque dans ta peau
J'ai vu la résilience
De nos cœurs assoiffés
D'absolue vérité.
J'en pince pour toi
Et pince-moi voir
Si je ne rêve pas !
Aux histoires

A l'eau de rose
Je préfère nager
Comme toi
Contre le courant
Je suis la mer
L'océan
Qui t'accueille
Je suis la nymphe
Des eaux troubles
Du lac.
Plonge dans les
Profonds heurts
De mon âme
Désorientée.
Laisse-toi
Guider sans toucher
Le fond
Laisse-moi
Guider sans louper
Le pont
Laisse-moi y croire...

Lâcheté

Elle s'enfouit
le sexe entre les jambes
elle part en courant
vers ses effrois d'enfant
elle choisit la nuit
et l'ennui
abandonnant l'amour
sur le bord du chemin
l'amour ou son illusion
elle referme la porte
qu'elle avait ouverte avec fracas
femme soumise
jusqu'au bout des doigts
femme-enfant sans joie
l'amour est loin déjà
que seront les souvenirs de nos émois

THÉRAPIES POÉTIQUES
(2012)

Carole

Des yeux
bleus
comme un horizon limpide
balayant de nouveaux infinis
un regard
qui subjugue la vie
et scotche l'œil
hypnotisé
photo matée
voyage virtuel
elle est si belle
prise de trois quarts dans une lumière
caressée
par des yeux
d'un bleu
irisée de mystère.
Internet
j'ai croisé une femme
aussi belle que ses yeux
et j'ai pleuré des mots
sur du papier envieux.
Femme virtuelle
es-tu de chair
au fond de tes yeux
éphémères ?

Gore

Insupportable
fuir
plutôt mourir que ça
souffrance enfermement laideur
insupportable
indésirable
inabordable
inabordable handicap

noyée de présupposés
de préconçus de prés carrés
sans préliminaire
ne pas regarder ne plus voir
fuir sans se retourner
ou s'en repaître à satiété
comme d'un film Gore
à en occulter la vie
l'amour et le désir
qui en dégouline…
Je suis un homme

La vie

La vie
la vie comme un cri
de joie
jaillit
des entrailles
la vie enfin
comme un cri primal
Parole
qui s'exprime
exprime
la voix
de l'être
du plus profond de l'être
expir
inspir
la vie
souffle retrouvé
dans un désir
d'être soi
en soi
à soi
retrouvé dans un craquement
de glace et d'eaux saumâtres
réminiscence d'une souffrance
non-dits déterrés

La vie
comme une parole libérée
JE SUIS
le désir qui m'habite
le plaisir qui m'invite
le jouir qui m'incite
JE SUIS
ma Vie

Je suis qui je suis

Je suis ma propre liberté
je suis le Centre de l'Univers
qui m'habite
je suis la présence
d'une Eternité en transit
je suis l'Amour que je donne
dans ce corps immense soupir
je veux désirer
infiniment
je veux te sourire
tendrement
je veux vivre
éternellement
je suis l'amant du Temps
je suis l'époux de tous les instants

Cri étreint

Trachée pleurant
sanglots intarissables
tant et tant
de maux tus
bouche cousue
saison après saison
à contenir
ne pas dire
taire la colère
la peur l'humeur
pour ne pas mourir

Parler crier
exprimer s'exprimer
sans attendre
se faire entendre
s'expurger
sexe purgé
le cœur léger
le corps libéré
l'âme incarnée

Érection stellaire
d'un loup solitaire
sérénité
chemin de désirs
pénétrés
de Vie
sensuelle et spirituelle
crie
je suis.

Transcendance

Bleu transcendant
lumière d'hiver
sur cette Joie qui palpite
certitude intemporelle
sous un soleil éternel
l'air grésille de froid
derrière la fenêtre
je respire
la vie va
je suis Moi
il fait chaud en dedans
les bras ouverts
par l'Amour
qui croît
en
Nous
je suis Moi

Source

Les sanglots longs de mon tréfonds
bleu glacial et laiteux
sur l'horizon
c'est le printemps sous l'édredon
au cœur de la Source
qui se répand en moi
je suis le Fleuve je suis la Voix
et j'ai peur
de moi-même je crois
peur de disparaître
être englouti
j'ai peur
comme un enfant démoli
par ses émotions déconfites
pénis bleu
être ma vie
dans ce corps meurtri

sans échappatoire
que vivre ma vie
être qui je suis
suis-je fou
est-ce de la folie ?
J'ai peur
et je suis.
Ai-je peur d'être
qui je suis
ou de ne pas être ?
Je t'en prie
aime-moi
pour que je sois
sans bruit.
Entends-tu les sanglots longs dans mon tréfonds ?
C'est le jour qui se lève
sous un ciel d'un bleu ambitieux.

Escorte

Elle est belle
comme un fantasme qui se vend
nue elle s'avance
vers mon corps qui se tend
serein

Ses seins fringants comme sa jeunesse libertine
sa voix alizarine et veloutée
sa fleur allègre qui chante sous mes caresses
tout me fait oublier demain

Elle me désaltère de ses mains
d'un bouquet de baisers
elle efface mes pensées
je ne suis plus que l'érection de moi-même
jouir de faire jouir
jouir de s'ouvrir
poème orgasmique
pour chair cosmique

Elle se réjouit
sous une langue alerte
je suis
je vis
je crois
je sens

Escorte-moi encore
femme au corps accort

Il sera une foi…

Homme

Désir
platonique
désir d'homme
d'un homme
désir enfoui
désir physique
longtemps réduit
à la peur d'être soi
d'être moi
multiple et singulier
singulièrement multiple
désir retenu
contenu
désir tu
ne plus se taire
être
soie
un homme
sur Terre
désir pour toi
qui ne le sais pas

Corps don bleu

Corps billard à trois bandes je suis
amour désirs soupirs
sur un corps sage en dentelle de souvenirs
ici maintenant toujours
corps beau à l'envol de corps rompu
aux dilemmes échus : handicapé y a plus
je suis le roi cru
d'un royaume éperdu
le handicap fut le handicap sera
rire la vie tel un corps nu exquis

Mon lit

Sous ma couette
moelleuse et douillette
une chaleur coquette

Dans la quiète solitude de ma chambre
je me prélasse
douce plénitude de mon corps
je vogue sur l'intemporel
le temps est en suspens

Le Bien-être gouleyant
au sortir du sommeil
dans un clair-obscur régénérant
je vis

Je suis
sous ma couette
moelleuse et douillette

Mouvement immobile
mariage des contraires
je vagabonde sous ma couette
attendant que le soleil en jette

J'aimerais un baiser
léger ou intense
dans mon lit en partance
vers un jour aisé

Tourments nocturnes

Tourmentée nuit
cauchemar agité
jusqu'à l'hébétement
se réveiller groggy
mal de tête
tête à mal
émerger épuisé
par ce défilé incessant
d'images chaotiques
chaos nocturne
danse macabre
sur le cadavre de mes tourments
nuit agitée
d'être trop oppressé
par moi-même
respirer respirer respirer

Heureux

Quel est ce bonheur qui ruisselle en moi ?
Quelle est cette douceur indicible qui respire la joie ?
Heureux.
Simplement heureux.
Pour des petits riens. Pour tout.
Sans raison. Brusquement. Soudain.
Au coin d'une rue ou à bord d'un livre.
Un stylo dans la main et des mots plein la tête.
Heureux.
Je suis heureux.
J'ai tout. Je n'ai rien. Je suis tout. Je suis tien.
Au bord du vide. Au gré de l'imprévu.

Quel est ce bonheur qui m'habite sans frein ?
Simple et bienveillant pour la vie qui me nourrit.
Heureux.
C'est si simple d'être heureux.

Fado

La gorge serrée à mourir
de soupirs amoncelés
dans un chaos d'amour
mal-entendu.
Ce cri meurtri retenu
dans la gorge nouée
de ne pouvoir exprimer
un mal-être dépressif
Mourir de vivre d'amour
sur un lit à contre-jour
la gorge serrée de ne pas
arriver à tout dire

Trachée

La trachée pleure
des années de galère
à respirer à l'envers
étouffements infinis
dans le feu de la vie
qui s'accroche à elle-même
avec une volonté surhumaine
à force de vivre
à force d'y croire
à force de force et de blessures en blessures
à force de vouloir être vivant
j'ai failli mourir l'autre jour
et le jour d'avant également
la mort m'habite la mort me suit
fidèle et prévenante dans un flot oppressant
sur le fil de la vie. Je suis en transit.

Couleurs printanières

Jaune et blanc
éclatent devant mes yeux
ce printemps sur la terrasse au soleil
l'horizon est
couleurs du vivant
du rayonnement
éblouissement floral
j'aimerais faire l'amour doucement
dans ce paysage radieux
et apaisant
bercé seulement
par le chant redondant des oiseaux environnants

Blanc et jaune et rouge
lumière allègre qui insuffle la vie aux vivants
la nature est belle décidément
viens faisons une fredaine de sentiments

Douceur

J'aime vivre au petit matin
de tes sourires si mutins

Je t'entends femme encens
toute d'un feu troublant

Je sais que je suis éternel
la mort n'est qu'une ritournelle

Avancer sur le chemin
qui conduit vers demain

Et vénérer tes seins nus
qui sourient à un amour dru

Je sais que je suis éternel
la mort n'est qu'une étincelle

Tous ces sourires qui me caressent
tous ces regards en liesse

Je ne peux vivre sans aimer
depuis que je t'ai rencontrée

Mélancolie

Mélancolie le regard loin
en moi
retiré du monde alentour
je plonge et je m'absente
dans un ailleurs indéfinissable
je m'éclipse dans mes pensées
aussi vaporeuses que l'éternité
entre deux eaux entre deux temps
j'attends je reprends mon souffle
j'engendre un autre moi

Café et chocolat

Café et chocolat
toi et moi
le cœur en joie
la chair en émoi
comme si la vie jaillissait
en nous

Je t'aime ma liberté nouvelle

Café et chocolat
sentiments impromptus
pris de court et happés
par les doigts de l'amour
« au hasard » d'un soleil

radieux posé
sur nous

Je t'aime ma liberté nouvelle

Café et chocolat
nous sommes avec éclat
il est des jours ainsi
où soudain la vie vous saisit
dans une onde de folie
amoureuse jusqu'à enfreindre
le cours « tranquille »
d'une existence en exil

Je t'aime ma liberté nouvelle

Rejoins-moi
je t'en prie
dans le lit de la vie
entends-tu mon corps
qui vibre
sens-tu mon regard
qui te respire
et mes lèvres qui te savourent ?

Colza

Des champs de lumière défilent
caressant mes yeux
je file vers toi
loin et près de moi
si profondément en moi

M'enivrer à ta fontaine de jouvence
m'égarer dans tes seins bouillonnants
sous un soleil tellement ardent
que l'air vibre avec passion
à la seule pensée de ton nom

Je te bande
toi chevauchant à cru
mon érection de mots
voyelles enveloppantes consonnes pénétrantes
entre tes cuisses entre tes bras
dans ta bouche en émoi
jouir à en perdre l'horizon

Fugue sensuelle dans une fougue plurielle
ton regard chavire tes lèvres entonnent la vie
entrelacs de corps moites de désirs surpris
par l'enchevêtrement charnel qui se dissout
dans notre jouissance débordant de sens

Ton regard vacille dans ma bouche béate
mon amante mon aimante
ma liberté impromptue
mon cœur résolu
embrasement de voluptés
que le bonheur peut être intense
quand il est volé à des instants éphémères

Que tu es belle lorsque tu jouis

Elle sourit se penche le saisit
et l'engloutit
il se rend il se rend toujours
à ses arguments

Les champs de lumière défilent
il a hâte
de la rejoindre dans son lit
de chair émancipée
il est des braises effervescentes
faites de désirs insatiables
ils se sont rencontrés

c'est le printemps sous mon érable

Charnalité

Femme de chair
corps charnel
amour charnu
j'avais fui des corps trop pleins
trop sensuels trop gourmands de vie
trop carnassiers pour ma chétive affectivité

et ce bonheur voluptueux
qui soudain s'est engouffré dans la brèche
d'une peur de profundis
voluptés déboussolantes contre ce corps
gorgé d'appétits extatiques
et si pulpeusement vorace

femme de chair
dévorant mon corps follement conquis
et conquérant mes sens échoués
sur le rivage de tes désirs
je me rends je te supplie je t'attends
ô douleurs de l'attente je te veux
maintenant et à jamais

Silence radieux

Mélodies d'oiseaux sous une lumière qui décline
et ce silence intense et pénétrant qui m'apaise
Chants d'oiseaux réjouis
au seuil de la nuit
  où es-tu   Peggy
  où es-tu   ma vie

je revis je suis
je suis tant sous cette immensité enjouée
seul sous un ciel qui me dévoile
je suis tout à moi-même dans cet espace bohème
  où es-tu   Peggy
  où es-tu   ma vie

tu résonnes tant en moi mon amour charnel
au cœur de ce silence qui m'enveloppe de toi
je vibre je crois et je crois en nous
et ce silence intense et pénétrant qui m'apaise
où es-tu   Peggy
où es-tu   ma vie

Impressions vie

Ce silence impressionnant de vie
ponctué de gazouillis
et la chair de l'air qui palpite sur ma peau
souffle vital décoiffant les feuilles
Je sens la sève du désir dans mon ventre
je suis plein d'une femme éprise
sous ce soleil aussi ardent que mes sentiments
Quelle est cette sauvagerie qui bruisse en moi
immergé dans ce silence éblouissant
comme je le suis quand tu chevauches
ma verge comblée de voluptés
Je veux jouir sans retenue
sous ce ciel éclatant d'amour
je veux me répandre dans tes entrailles
comme on plonge dans un océan de velours
Sois chienne et je serai tienne

Et ce silence impressionnant qui me berce
tu es si loin encore
Viens
viens sur le corps de mon jardin !

Elle jouit

Elle jouit
le corps cambré
ses lèvres sensuelles étirées
au rythme d'extases diluviennes
par des sourires carnassiers que scande
chaque onde orgasmique ivre d'elle-même
ses paupières plissées par les fulgurances jouissives
ou ses yeux époustouflés par tant de jouissance assoiffée
qui la submergent
avec quelque chose de stupéfait et d'ébloui dans le regard
en attente de l'onde à venir
comme si elle découvrait son plaisir
sous un jour nouveau
à en être insatiable dans un clair-obscur
me révélant son visage de femme
habitée de soubresauts
à l'hédonisme onaniste sauvage
Elle jouit
et je me réjouis de tant de jouissance
déferlant sous mes yeux
tout son être irradie
d'une flamme débordante de vie
tout son être étincelle
elle se soulève
et me rejoint
la bouche gourmande et la langue allègre…

Intense nudité

Nue
intensément nue
nudité provocante
nudité crue
musique
et les mots
les mots
sensualité intenable

irrépressible soif d'extases
jouir
encore jouir
jouir à satiété
elle halète
bouche entrouverte
le front plissé
cambrure vorace
regard affamé
où fulgurent des orgasmes
inextinguibles et somptueux
sous mes yeux amoureux
le chibre en feu
branle-moi !

Spleen amoureux

J'aime une femme en flammes
sur l'horizon de mes émotions
feu de brousse l'amour aux trousses
j'aime une femme entre deux rives
qui retrousse mes sentiments
je dérive je le sens intensément
Accoste-moi de ton corps joyeux
enveloppe-moi de tes bras généreux
j'attends au bord du chemin
alors que la route nous tend la main
et tes seins qui dansent et
ton orchidée qui me chahute
et la vie qui va à son train et
le temps qui passe sans faillir
l'amour retient son souffle
devant ton regard en devenir
C'est dimanche il fait une grisaille
à la brise doucereuse
mais les mères sont à la fête
Je ne suis que folies et désirs
de jouir et de sourire
à la vie qui jaillit de toi à flot

J'aime une femme dans la solitude
de mon bureau
c'est dimanche il fait un vent
à écorner les bourreaux
faire l'amour comme un héros
j'aime une femme comme un écho
entends-tu ses petits cris de plaisir
ils bercent mes soupirs…

Le courage d'être soi

Nuit
sombre comme les tourments
qui plombent
l'amour
et la douleur qui sanglote
et la culpabilité et la peur et les doutes
doutes insidieux
renoncer
pour ne plus culpabiliser
renoncer
à la vie tant espérer
à l'amour
renoncer à l'amour
et à soi
pour ne plus culpabiliser
nuit infinie et suffocante
comme une chape de doutes
qui tombent goutte-à-goutte
sur un souffle de liberté
naissant
mourir
pour renaître
semblable et différent
renaître à la vie qui attend
comment renoncer
au bonheur d'être soi ?

La lumière d'un nouveau jour

Ne pas avoir peur de la vie
surtout pas
lui dit-il au creux du cœur
la lumière est au bout du tunnel
accouchement
contractions sentimentales
pour accoucher de soi
Oser
pour s'aimer
ou se sacrifier
pour se détester
la vraie vie ne supporte pas la demi-mesure
Ne pas avoir peur de la mort
surtout pas
lui dit-il au creux des reins
le bonheur est au fond des entrailles
émancipation
ascension verticale
pour s'émanciper de ses peurs
Ose
ose m'aimer
pour vivre ton chant de liberté
mon amour.
Ne te déteste pas de ton être.
Je te rejoindrai sur la berge
qui nous a vu naître.

Métaphore

Ciel voilé
ponctué de percées lumineuses
le voile se déchire
par endroits
peu à peu
au loin le ciel s'ouvre
respirant une lumière réjouissante
comme la vie

une vie voilée
jusqu'à ce que l'esprit se déchire enfin
afin de s'adonner à l'amour libéré
à la vie renaissante et réjouissante
d'un jour neuf

orage éblouissement terrifiant
avant l'apaisement des sens
orages de sentiments délétères pour mieux nettoyer un
désespoir apeuré
et révéler des coups de foudre
qui régénère l'existence de cœurs ardents

l'amour comme le temps suit son cours
désir de notre jouissance céleste
il est des firmaments inextinguibles
il est des cieux si délicieux
au-dessus d'un zéphyr détonant.

Je veux jouir entre ses bras !

Éloignement

Printemps automnal
sous un ciel obstrué par un voile geignard
un temps à ne pas quitter sa couette
et faire l'amour entre des cuisses solaires
Mais elle est loin
elle lui manque
atrocement
quelque chose suffoque en lui
inepte souffrance de l'absence
attente
insupportable attente
de l'amour tant désiré
du désir tant aimé
incertitude de l'attente
aimer à en mourir d'aimer
instant après instant

jour après jour
quand
se morfond l'amant aimant
follement
distorsion du temps
loin des bras tant aimés
qu'ils semblent inatteignables
et ce manque physique
ce halètement charnel
baiser afin d'éteindre la braise
dans un défoulement lubrique
le regard ébloui
par un printemps soudain estival.
Espérer
l'absente
tant attendue
le corps à cru
l'amour accru
à en être essoufflé
sous l'avalanche de sentiments
distendus...

Oser l'amour

Il ne suffit pas d'aimer pour aimer
il faut oser
vivre l'amour
avoir le courage de sa liberté
de l'effervescence de ses sentiments

le temps a suivi son cours
dans les sillons de mon âge
je suis enfin libre d'aimer
sans craindre les foudres du désamour
mon être respire enfin
à pleins poumons
pendant que s'époumonent alentour
des cœurs en survie
des esprits maussades et pluvieux
au corps avachi
dans un décor circoncis de son âme

il ne suffit pas d'aimer pour aimer
de proclamer son amour pour mieux le rêver
il faut oser le prix de la liberté
de la vie soudain surgit des entrailles
chaque jour est une petite mort
conduisant à une grande éternité

.

Je l'aime en vérité

.

Je vis

Je vis à 100 200 300
à l'heure
dans un espace infini de rires et d'envies
la foi du mécréant vrillée dans les yeux
je vis le vent en poupe et le cœur au vent
passionnément
intensément vibrant de la totalité de mon être
je vis et je vais
en avant
toujours en avant
le regard droit devant
et le cœur bravant allègrement
les interdits et les sentiments
je survis plus exactement
dans mon cœur follement amoureux
que le temps suspend à son regard
ravageur et exubérant
je suis fou
tellement fou
de vie et de ses élans
jouir
jouir inexorablement entre ses bras
et son sexe flamboyant
qui miaule sous la lune insatiablement
je suis
et je jouis
dans ton con
maintenant.
Le sens-tu ?

Elle exulte

Elle exulte
la vie lui sourit
mais sourit-elle à la vie ?
Elle exulte
la vie lui tend les bras
elle a rencontré l'amour
elle a réussi son passage
elle se métamorphose
de la tête aux pieds
du corps au cœur
Elle exulte
la vie la respire
mais respire-t-elle la vie ?
Cette vie qu'il faut assumer
pour la vivre vraiment
cette vie aux choix
si détonants.
J'attends.
Combien de temps ?

Air de liberté éploré

Au soleil
libre
il s'étire il s'étend
sous un ciel clinquant
une brise délicate l'enveloppe
le caresse
souffle d'air voluptueux
et bandant
sous un ciel bleu
qui l'attend
il est éternel à cet instant
Que l'amour est déconcertant !
Si simple et si compliquer d'aimer
sans freiner ses élans.

De quoi as-tu peur mon hirondelle en sang ?
De qui as-tu peur ma frêle tourterelle ?
Je t'aime tant et je te désire tout autant
libre
sous ce soleil chancelant.
Mon épaule t'attend éperdument.

Irresponsable

L'hirondelle s'est envolée
la queue entre les ailes

Irresponsable
cet amour qui déboule inconscient
chamboule famille et amant
semant désarrois et tourments
sur son passage
dans un incendie de sentiments

L'hirondelle s'est envolée
la queue entre les ailes

Irréfléchi
cet amour surgi comme un cyclone
du fond de ses sentiments aveugles
dans un tombereau de promesses
jamais tenues par manque
de courage
et un vent de frilosité

Récréation il fut
souvenirs il sera
cet amour qui s'en est reparti
aussi vite qu'il était venu
ainsi va la vie
et l'amour aussi

Animals

Elle est morte. Et elle a ressuscité à elle-même. À la vraie vie ?
La **trique**. J'ai la **trique** dès qu'elle ouvre la **bouche**, qu'elle émet le moindre son, le plus petit souffle dans mon oreille égrillarde ou sur mon horizon nu. Désir cru **instantané** de la **baiser**, de regarder ses seins, ses **nichons** charnus tressauter sous mes yeux au rythme **effréné** de ses coups de reins.
Elle **braise** ma queue dans son **con** qui ruisselle sur mes sens suspendus à sa **cadence**. Je ne suis rien. Je ne suis plus rien qu'un **orgasme** en partance. Que mes sens en **attente** de la déflagration. Mais elle arrête juste sur la **crête**, avant l'extase qui sublime notre **orgie** essoufflée.
Il ne sait plus qui je suis. Je ne sais plus qui il est. Jouir. **Juter** par elle, en elle, sur elle, et **lécher** ce nectar musqué qu'elle fait **jaillir** de lui ou de moi. Je ne sais plus qui je suis lorsqu'elle se **déchaîne**.
Dans cette **ivresse** charnelle. Elle revient. M'engloutit **soudain**. Tout son corps, sans retenue **aucune**, se donne, le regard avide et la **jouissance** qui miaule. Femme fontaine se délectant d'elle-même. Dans un déferlement **orgasmique**. Puis aussitôt, sans avoir **repris** ses esprits, ni les miens, sa chair **luit** sous mes lèvres **cupides**, je suce et **j'encense** sa fleur déflorée qui n'appartient qu'à **moi** à cet instant-là.
Elle **suce** de plus en plus **avide** ma trique renaissante et suppliante. Je **gicle**, j'implose dans sa bouche **luxuriante**. Avale ma semence démente, ma **femelle** dévorante ! Encore. J'en **veux** encore. **Chevauche**-moi de nouveau dans le décor de tes **nibars** débordants d'opulence. J'ai perdu la **poésie** du Cantique des cantiques dans les déferlements de ta chair sur mon corps. Je ne suis plus qu'un **instrument** à baiser dans la braise de ta **gloutonnerie** lubrique.
Nous sommes faits pour baiser à **satiété**. Protégeons notre **liberté**. Si tu es vivante, **femme** délivrée de tes péchés. Nous sommes deux **solitudes** sensuelles.

Confession

Ses nichons perlent sur mes lèvres et s'engouffrent dans ma bouche remplie de voluptés grisantes
95 B rien que pour moi
que ma langue lutine et que mes dents mordillent sans ménagement
je suis son amant
je suis la source de ses égarements
jamais elle ne rend les armes
jamais elle n'en a assez
son puits est sans fond et sans fin
elle baise comme une diva en braise
je suis son instrument consentant
la corde à son arc
le luthier de sa guitare en chair incandescente
soudain elle me prend
me saute avant que je l'apprenne
je suis son amant
la queue qu'elle égrène
à coups de reins et de bohème
au diapason de ses élans

Incarnation sismique

Homme en marche
la vie me porte
la vie m'emporte vers la lente mort
de mes doutes et autres culpabilités
j'avance je vais je suis après avoir été
ma vie est une histoire d'amours
de corps et d'esprits qui se rencontrent
d'extases et d'emphases entrechoquées
je m'élève et
je m'enfouis dans l'Amazonie
de vos entrailles
où je me prélasse
avant de jouir de vos élans
de femmes au cœur ardent

je suis libre à présent
je n'attends que l'instant suivant
liberté quand tu me tiens
chaque respiration est une éternité en soi
chaque femme est la Femme
blotti entre ses seins la vie m'appartient
je suis vivant
en accord avec mon âme
chevauchant mon être
sous un ciel échevelé
je flâne je vole je m'envole
jusqu'où vers qui comment
ô vie
intense mouvement
je suis un homme tellurique
spiritualité érotique
dans une sagesse exotique
je suis
ma propre norme
depuis avant-hier
j'ai le cœur qui cogne
toute sa vérité
et cette solitude qui me nourrit
dans le plus intime de mes certitudes…
Je suis après avoir été
la vie peut continuer

Sublime conspiration

Sa bouche me dévergonde
propulsé par des ondes
vers un autre monde
je suis déconnecté
de tout
sauf d'elle
j'implore ses doigts
sa langue ludique
je me tends j'attends
toboggan sensuel

érigé dans sa bouche qui m'appelle
elle me veut elle m'aura
je suis en transe
ligoté à sa danse buccale
soumis aux
succion tension contorsions
ascension extension libation
sexuelles
j'implose
dans ma tête
le chibre en fête
Recueille ma semence
reconnaissante
je vibre
ivre
de toi
infernale engeance
à qui je fais allégeance
je ne suis qu'un homme…

Orgasmes

Explosion sous le crâne
le dos tétanisé
insatiable
insatiable et vorace
elle propage la jouissance
à la vitesse de son désir
et sa bouche qui me conspire
et son vagin qui me grise
explosion sous le crâne
le dos tétanisé
je plane
dans des soubresauts de queue
qui se rend.
Que c'est dur d'être amant !

là où elle m'emmène

Une pipe
droite comme un i
pas comme celle de Magritte
la voix de Lana del Rey
dans mes oreilles
implosion
à bouche que veux-tu
triquer la vie
trinquer nos sexes
elle suce tète lèche
la voix de Lana del Rey
entêtante subjuguante
sa bouche me tue
sexe tendu vers la petite mort
tant attendue par mes sens éperdus
déflagration dans la tête
elle m'a emmené sur une jouissance extrême
je plane
une pipe entre les dents

Bouddha allongé

Esprit safrané
cœur accordé
corps débridé
âme si légère
que l'aura en est transporté
allongée sous un ciel épanoui
silence touffu
qui m'habite et m'habille
silence incarné
sous la frondaison d'un catalpa
nonchalant
silence et sérénité
présent et futur
fondu dans une Eternité
indicible

Prague

Prague
poème à ciel ouvert
pont Charles grouillant de pas
jusqu'à la tourista
limpide musée foisonnant
où Vaclav Havel côtoya David Czerny
enchantement incessant
à chaque coin de rue
au fil d'un regard ébloui
beauté iconoclaste à Notre-Dame du Tin
beauté magique de l'horloge astronomique
je fus à Prague
entre les deux rives de la Vlata
ivre de voir
simplement de voir
et de respirer au milieu d'une ode
intemporelle.
Prague.

Le chemin

Je suis sur le chemin
je suis le passé le présent et l'avenir
sur le chemin
le passé se couvre de végétation
à chaque pas
sur le chemin
où le présent prépare le pas
de l'avenir
sur le chemin
je respire
l'âme guérie
des tourments qui jalonnèrent
le chemin
je suis ma propre trace
j'enlace la vie qui m'habite
je suis le chemin

Éternité

La souffrance déchire
le ventre
la nuit
la vie
lacérant l'esprit hébété
de douleurs
que seul le sommeil endort
sommeil fœtal
animal
bestial comme les assauts de la douleur
convulsions
révulsions
contractions
révulsions
je meurs
vomissements noirâtres
je suis présent je suis absent
je ne suis rien je suis tout
je suis mien
JE SUIS MIEN
dans le tourment
entre mort et vie absolument
puis
la volupté
ma chambre
mon lit
le bonheur la jouissance
dans sa bouche
son con
ses yeux
son cœur
sa tête
elle m'aime tant
je l'aime comme je suis
elle m'aime tant
je l'aime comme je puis

un jour
de soleil
infini
entre vie et mort évidemment.
L'amour est éternel
je crois...
Entre ses bras.

Mes Anges

Ma voie est jalonnée d'Anges
qui m'accompagnent sur le chemin menant à l'Éternité
femmes hommes qui me croisent et me décroisent
me tissent d'une affection insolente et complice
un jour après jour le cœur en bandoulière
et le rire toujours prêt à être dégainé
Ma vie est jalonnée d'Anges
d'espiègles farfadets

J'ai

J'ai
l'âge de mes ancêtres
l'âge de mes souvenirs dégingandés
l'âge de mon regard épuré
de mon énergie vitale qui s'emballe sous les étoiles au
firmament
de mon âge
j'ai
l'âge de mes artères sur le *freeway* de l'horizon
l'âge de croire qu'il est grand temps de vivre
l'âge de mes plaisirs nourris par la déraison
de mes espérances au gré de silences rieurs dans le lit
de mon âge

Tristesse

Une tristesse flâne
spleen automnal
octobre bleu gris
cigarette
le regard songeur
perdu au fond de soi
de moi
si je ne sais où
doutes sous la voûte céleste
essoufflement de l'âme
je plane
je ronge le temps
indécis et chancelant
octobre est à ma porte

Recroquevillé

Cœur en défragmentations
amour fragmenté
âme hagarde
j'erre dans les limbes sentimentales
animal au souffle disjoint
perdu
de ne savoir plus
Plus quoi ?
L'être asthmatique
le regard prostré dans l'horizon
absent
ailleurs nulle part
je n'ai plus de mots
solitude
douce solitude
où rien ne vient déranger
une morbidité à fleur de peau
en attendant que la lumière
renaisse
dans un éclat de rire
dépression ensoleillée

Soi

Sois et tu seras
à la croisée des corps
et de l'éternité
baise et tu seras l'amour
sur un horizon de cœurs
et de sexes épurés.
Sois donc n'attends pas n'attends plus
vas à pas alertes sous une pluie de bonheur
respire le souffle de l'Au-delà de toi de nous.
Être libre à en être ivre de légèreté
je ne cesse de voir des fleurs dans les femmes
croisées sur l'onde de mon désir
ce désir qui pulse mon énergie vitale.
Faire l'amour en conspirant le Ciel
je t'attends Femme
je vous attends.
Et vous ?

Libertine

Apparence.
Une voix douce. Un regard habité. Un sourire qui a vécu et souffert et mordu et souri encore et puis embrassé. Tant et tant. Une existence entre purgatoire et paradis. Un paradis un peu désabusé ? Un visage indiciblement séduisant. Un regard habité par des interrogations. Un corps effilé qui laisse deviner deux seins tendres et légers. Aucune lumière dans les vêtements. Par crainte de dévoiler sa lumière intérieure, de se mettre à nu ? Un regard habité par des tourments fugaces. Une nervosité à fleur de peau. À fleur de cœur ? Angoisse lointaine qui semble voiler son être d'une agitation retenue ? Beaucoup de générosité. Du corps. De la vie à fleur d'envies. Une beauté discrètement sensuelle. Une sensualité qui interpelle. Femme à l'aura magnétique. Et cette solitude qui perle derrière les mots et ce regard habité par une vie chahutée. Mais libre. Autant qu'elle peut. Libre d'une certaine liberté. Le serons-nous du reste un jour totalement, libres ? Elle est faite de chair et de sang. Une voix caressante. Un regard habité d'une

attente. Mystique ? Elle est une Aphrodite profane. Elle est sexe de la tête aux pieds. Elle est Vie… Jusqu'à la mort de ses cris.

Je la vois, je l'entends, je la sens. La vie est étrange. Faite de rencontres mystérieuses. Une maille à l'endroit, une maille à l'envers. La vie se tricote par devers tout. Même la peur. De soi et de l'autre. De l'autre car de soi.

Jardin secret.
Elle pénètre dans une pièce noire comme dans un vagin. Nue. Et déjà mouillée d'envies. D'envies plus que de désir. D'envie de satisfaire son envie. De jouir. À satiété. Dans les bras d'hommes objet de jouissance et de femmes sujet d'abondance. Instruments de plaisirs. Baiser à l'abri des regards. Des a priori du regard. Baiser à tâtons vers la voie de l'extase. Et ces mains. Par paires. Une, plusieurs venant de nulle part et de partout qui la frôlent, caressent, explorent, fouillent, découvrent, palpent, l'enlacent, s'incrustent, la branlent et l'ébranlent. Ces bouches, ces lèvres, ces odeurs qui s'invitent, s'immiscent, la croquent et la chavirent de bas en haut. Langues câlines, fouineuses. Humides, gourmandes, voraces ou attentionnées. Orgie aveugle. Sensations. Émotions. Elle est embrasée. Le con enflammé. Les tétons exclamés. Temps suspendu à ces bites qui s'érigent telles des baguettes battant la mesure. Qu'elle tripote, astique, suce, engrange et régurgite au gré de ses soupirs. Plus ou moins gorgées. Plus ou moins goûteuses. Attrayantes. Elle est la reine ardente de ces ténèbres silencieuses. Elle décide. Elle choisit. Elle prend. Elle donne. Elle veut. Jusqu'à plus faim. Une queue. Plusieurs. Un orifice, deux ou les trois à la fois, qu'elle offre ou tend impérieuse. Ça dépend de l'humeur. De l'atmosphère. Des partenaires. Elle se les enfile. Et elle jouit. Encore et encore. Jusqu'à plus faim. Rassasiée. Elle repart. Ni vue ni connue. Elle a comblé le manque. Pas le vide. Pas une certaine solitude. Jusqu'à la prochaine fois. Ils n'ont pas entendu sa voix douce. Ils n'ont pas vu son regard vacillé. À l'instant de l'envol orgasmique. Ils n'ont pas vu le plus beau en somme.

Je l'imagine. Je l'écoute. Je la sens. La vie est étrange. Faite de rencontres mystérieuses. Une maille à l'endroit, une maille

à l'envers. La vie se tricote par devers tout. Même la peur. De soi et de l'autre. De l'autre car de soi.
Qui n'a pas eu peur ? De la Vie.
Qui n'a pas osé un jour ? Vivre.

Vous

Vous contre moi
contre nous
vous que j'imagine
dans une nudité qui vous habille
d'une aura excitante
que vos seins câlinent
je ne sais pourquoi je les sens sublime
vos seins

Vous à bonne distance
sur moi me chevauchant
avec une ardeur de chatte
sauvage et timide
je ne sais pourquoi je sens que
vous tutoyez les extases
et que tu vouvoies mes désirs

Tu es à la fleur de l'âge
je suis à l'âge des fleurs épanouies
par votre jeu de miroirs
sensuels et délicieusement pervers
je vous attends dans le champ
de mon lit débordant d'envies
ou n'importe où
je ne sais pourquoi je le sens

Mais peut-être suis-je fou
et toi
?

Callipyge

Femme callipyge enrobée de sensualité et de gourmandises absolues, tu voyages sur le fil ténu de la vie. Cette vie si difficile à saisir. Et à vivre. Si intense. Si orgasmique. Entre tes doigts et dans tes yeux. En un Luxembourg rayonnant de mille feux sous un soleil déjà hivernal. Et nos corps haletant dans une chambre voilée par nos chairs dévoilées. Embrasement épidermique par un désir endémique. L'extase gicle jusqu'à l'éblouissement ultime. Ébranlement des sens. Vibrant aux jaillissements d'une fontaine en jouissance. Plaisirs pour mieux nourrir l'apaisement. Suspendus à nos sexes. Tout semble simple dans ces moments à la marge du quotidien.
Bonheur parenthèse. La terre est nue à perte de vue. Le sol glabre, comme fraîchement tondu jusqu'à la racine de la finitude, défile à l'allure du véhicule pressée d'arriver. Pressentant peut-être que la parenthèse se ferme ? Comme les saisons. Comme la vie qui hésite.
Femme callipyge enveloppée de ta primauté maternelle angoissée, tu retournes dans l'enclos formel d'une existence formatée. Libre choix. Venu du tréfonds de ton destin. De ton existence, aujourd'hui. Et moi je retourne dans ma solitude pleine d'une vie et d'une liberté chèrement acquises. Cette liberté qu'il faut travailler comme la terre afin d'y voir pousser la lumière fragile du jour. Cette liberté qu'il faut nourrir de conviction et de désir pour ne pas la laisser mourir sous l'envie d'y renoncer. Car elle a un prix : la solitude de l'être qui ne veut plus renoncer à soi. Chacun son chemin. Demain c'est demain. Après ? C'est si loin. Comme le Luxembourg. Comme cette moisson de sensualité sans frontières.
Chacun à son rythme. Vers où mène la vie ? Quel est son dessein ?

Cheminement

Suis ton Chemin
rien que le tien
lui seul sait où il mène
entre les ornières et les détours
qui le jalonnent jusqu'à la fin
dans la solitude
de tout destin
Suis ton Chemin
ne cherche pas à comprendre
juste à apprendre
en ouvrant les yeux sur ta vérité
cette vérité sans laquelle
il n'y a pas de liberté
Suis ton Chemin
laisse-toi porter par la vie
laisse-toi emporter par tes envies
ne rien maîtriser ne rien posséder
qui soit l'autre et à l'autre
ne rien attendre simplement recevoir
en offrant le meilleur au vent
Suis ton Chemin
paisiblement
il ne t'arrivera rien
que le bonheur d'être toi
rien que toi
sur ton chemin

DE L'AUTRE CÔTÉ
DE L'OCÉAN CHARNEL
(2012-2013)

Brésil

à Ana Paula, ma Liberté universelle

Assise
face à moi
une jupe espiègle sur des jambes croisées
un sourire frisé
et son regard clair sur moi
en moi déjà
instantanément
comme une évidence
comme une liberté en partance
vers mes bras et mon sexe en attente
et sa voix si chantante
à l'accent exotique derrière ses lunettes extatiques
oh mon Amazonie sensuelle
apparue impromptue un jour de grand soleil
je venais de visiter la cathédrale de tous les péchés
tout a été tellement simple
tu t'es assise
et nos regards se sont tout dit
la vie avait tout comploté depuis une éternité
je crois
comment lui résister
je ne peux pas je n'ai pas envie
je veux vivre
entre tes bras
sur ta joie
l'amour est Atlantique
lorsque le désir est Atlantide
je n'osais t'espérer
pourtant
je savais que tu existais
…

Chili con Jilly

à Jill

Je l'ai rencontrée
au détour d'un hasard qui n'en est pas un
un de ces détours tellement direct qu'il est criant d'évidence
elle est belle comme un rayon de soleil vers cinq heures du soir
si radieuse si lumineuse
si rayonnante d'une humanité naturelle
elle est jeune elle est vieille
elle est sans âge
tant elle est libre dans sa prison qui vibre
à l'unisson de la Vie
je respire je souris
elle a surgi dans ma vie
posant ses immenses yeux bleus
sur mes envies

Amour foudroyé

Foudre qui es-tu,
foudre d'où viens-tu ?
Amour instantané ?
Amour spontané.
Venu de si loin,
par-delà l'océan et le temps
qui l'a poussée imperceptiblement
vers le virage de mes sens en éveil.
Foudre d'amour et de désirs.
Malices de la vie qui réunit,
lorsque la couche est prête
à accueillir les amants épris d'une même liberté.
Je me sens transpercé par ta légèreté apeurée devant un Souffle qui te dépasse ou te surpasse.
Nous dépasse.
Que j'aime être pris au dépourvu ! Que j'aime être transporté au-delà de moi-même,

dans les bras d'une femme qui m'emmène aux confins de nos vérités !
Tu sais, sur cette plage dont les vagues se fraient une nouvelle page, j'ai envie
de te dénuder. Et de te contempler à satiété. Caressant du regard les bourgeons de tes seins.
Je ne te connais pas encore. Je t'imagine. Je t'imagine tant et tant depuis cet instant, si bref
et si long, où tu m'as abordé comme si on ne s'était jamais quittés.
J'ai envie de te lécher telle la vague honorant le sable.
Je suis l'étoile de tous les égarements, tous les éblouissements, de toutes les promesses.
Je suis l'étoile et le vent.
J'aimerais t'abreuver de mes sentiments. Et t'embrasser follement.
Comme on embrasse une Liberté universelle…
J'aime le grand large. Et toi ?
Je suis délicieusement foudroyé.

Liberté

Je t'ai rencontrée
en coup de vent après un coup de cœur
ce sourire rayonnant ces yeux lumineux
et cette liberté ô cette liberté !
Cette liberté que j'ai tant cherchée
tant espérée dans le regard d'une femme
dans son esprit et dans son corps
cette flamme si vive et si vraie
que j'en vibre à souhait !
Comment ne pas te désirer
comment ne pas avoir envie de te faire jouir
de te regarder jouissant de tout ton être libre ?
Que le temps et la distance sont cruels
mon amour à la liberté universelle !
L'impatience me ronge et me nourrit.
J'ai envie de toi
comme on a envie de la vie.

Te voir danser nue sans retenue
avant de me voir chevaucher à cru.
L'amour est une samba.
Pour nous ?
Qu'attend la vie de nous ?
Sommes-nous définitivement fous ?
La liberté veut tout
et je te veux
libre
sous mon étoile
au firmament désormais.
Je te veux libre et sans voile
ma liberté infinie.

Imaginer

J'imagine
ton sexe aux lèvres flamboyantes
ma langue sur ton grain de café frémissant
au goût d'arabica de Santos.
J'imagine
tes seins aux tétons exubérants
ma bouche sur tes maracuja en joie
que je lutine tel un breuvage euphorique.
J'imagine
tes bras qui m'enveloppent de soupirs
et grésillent sur mon corps en délire
la chair sens dessus dessous.
J'imagine
nos bouches se dévorant d'aise
dans un maculele sauvagement énamouré
sous nos yeux affamés.
L'imagination ne cesse de s'emballer
depuis que je t'ai rencontrée
et que nos sens se sont chevauchés
dans la jouissance de nos êtres
au bord d'un abîme de délices
insoupçonnés.
J'AI LE DÉSIR DE TOI !
Ma liberté outre-Atlantique.

Petit bouchon

à Jill

De grands yeux
tellement grands et lumineux
comme ton cœur
et tes sens effervescents de vie.
De grands yeux
plein de liberté et d'humanité
de désirs et de soupirs
comme le temps qui nous inspire.
De grands yeux
et je grandis et je vis
au plus profond de nous
l'esprit apaisé et rayonnant
comme ton sourire si doux.
De grands yeux
et ton corps tellement ardent
qui se donne et prend
la jouissance à pleines dents
au diapason des sentiments.
De grands yeux
je m'y noie le cœur battant
et le corps reconnaissant
respirant un amour
hors du temps et des convenances.
Je danse
en silence
dans tes grands yeux
aux bras immenses.
Le ciel est bleu
comme tes cheveux
je me sens si vivant.
Et toi mon petit bouchon
exalté et gourmand ?

Je t'attends

à Jill

La nuit s'installe
la solitude aussi
et cette chaleur estivale
proférée par un poêle
je suis seul je suis nous
ai-je rêvé la beauté de ta présence
tu as laissé derrière toi un sillon de silences
le train nous éloigne
privant nos corps de jouissances
et nos baisers de promesses
le temps nous rapproche
à la vitesse de nos élans
que j'aimerais te pénétrer intensément
la nuit s'installe inexorablement
je t'attends je t'attends
je suis ton aimant

Me poser

à Jill

Je butinais. Je voyageais. Je chinais. Entre cœurs à corps, esprit-es-tu-là, corps fantasmés et vibrations indicibles. Il est si facile de basculer dans l'amour et si difficile de le vivre. Sans entraves ni préjugés.
Qui est complexe ? L'existence ? L'existant ? Moi ? Ces femmes libres qui ne le sont pas ? Pas tant que ça au tréfonds d'elles-mêmes. Femmes mariées en mal d'une liberté qu'elles n'osent enfourcher. Femmes esseulées trop ligotées à leur frilosité. Femmes enfermantes pour se rassurer. À l'égal des hommes qui ne sont guère plus avancés, guère mieux achalandés.
J'errais donc. Je batifolais de rencontres prometteuses en rencontres incertaines. J'avais dénoué ma dernière amarre. De lassitude. Voguant à nouveau toutes voiles déployés vers un cœur charnel. Forcément charnel. Et vivant. Vers l'imprévu, l'inattendu, l'impromptu de la vie. Car, péremptoire, j'avais dit

« jamais ». J'avais osé proférer ce blasphème. La vie me l'a renvoyé tel un sacrilège joyeux. Je cherchais ma voix dans une voie anathème. Je l'ai trouvée dans le regard d'un edelweiss savoureux.
Et j'ai bu à son calice. À sa fraîche virginité ardente.
L'hiver est chaud sous ses immenses yeux de femme-enfant, de femme enfantée dans des tourments abrupts, des tourbillons incessants. L'hiver est chaud. Elle me manque tant. Sa chair fougueuse et exubérante. Son humanité qui déborde sur la lumière. Et cet amour qui se dit sans se dire, enfouie dans des couches de pudeur qui s'exhale en bouffées d'affection. C'est le printemps avant l'heure qu'égrène son rire à fleur de cœur vaillant. Elle est si jeune, elle est si vieille. Elle est sans un âge. Elle a au moins mille ans. J'en ai autant. Nous nous sommes connus quand ? Une éternité, me semble-t-il. Hier, en somme. Qu'importe. Nous sommes deux respirations en un seul souffle. Un souffle qui se rit de tout ce qui n'est pas Vie.
Et je bois à son calice mélodieux. Je bois son chant délicieux. Les arbres sont dénudés. Elle se dépouille. Elle éclate dans la rivière des jours. Elle rayonne dans sa chair pulpeuse comme une gourmandise surgie de l'Infini. Les arbres sont dénudés, la nature engourdie et mon âme rajeunie. Le temps se rétrécit et s'allonge chaque nuit qui les sépare. L'amour est une poésie que la chair déclame avec allégresse. Je suis qui je suis. J'ai perdu le sens des a priori. Elle vient de me libérer. D'un seul coup d'aile et d'un baiser à la saveur ineffable. Me poser. Me poser sur cette berge fraîchement éclose. Et vivre. Et respirer. Tout juste vêtu de mon altérité. Pourquoi ai-je soudain le sentiment d'exister ? Pourtant, j'avais déjà tant vécu. Avais-je cru. Certes. Mais je ne m'étais jamais autant apaisé. Comment dire ce qui n'est qu'un ressenti indéfinissable ? Mes mots ne sont que du sable. Elle est, je suis. Serons-nous à l'aube de notre nouvelle vie ?
Je me désaltère à son calice réjoui. Tout nous éloigne, tout nous rapproche.
Jouir. Jouir cette vie qui nous est donnée. Et la semer.

Jamais

Jamais de femme-enfant
jamais plus d'enfant
jamais de tatouage
jamais d'infidélité
jamais sans elle
jamais de libertinage
Quelle présomption !
La vie m'a rattrapé
faut jamais dire jamais
a-t-elle ricané…
Et elle est arrivée
pétulante femme-enfant
le ciel entre les dents
une fraîcheur à fleur de peau
et des questions pleines de sentiments.

Pulpeuse

Corps charnu à souhait
aux formes pleines et féminines
gourmandise charnelle
qui offre ses appas
à la ronde des sens.
Fulgurances.
Confluence.
Corps charnu à satiété
pulpeuse Churi Cumpi
aux savoureuses voluptés
chante
chante encore le plaisir
l'exubérance de tes jouissances
à fleur de peau.
Chante pour moi
fais-moi jouir de te faire jouir
mon Machu Picchu d'amour
je vivre aux sons de ton corps

en joie.
Fulgurances.
Confluence.
Entre tes bras
en toi.
En nous.

Elle a

Elle a l'âge de mes sentiments
au printemps de l'existence
elle a l'âge de mon allégresse
au seuil de ma liberté.
Je l'aime pourquoi m'en cacher
je l'aime telle une ode
que le Ciel m'aurait révélé.
Je vibre de vivre
sur les ondes
de ses désirs.
Je sombre de me fondre
dans le reflet de ses soupirs.
Et son regard qui me transpire
je crois que je vais
défaillir
dans le sanctuaire
de ses entrailles
en ébullition.
Elle a l'âge de mes passions
au sortir de longues saisons
qui nous ont amené à maturation.
Je l'aime
avec effusion.
L'amour est une infusion
à la rose.
Une ritournelle sans âge
…

Vibrations

Vibration des yeux
halètements des chairs
extases linguales
et ce galop indicible
qui mène le cœur
loin de sa cible
je jouis
et sa bouche qui m'enivre
dans un râle de suppliques
au bord des soupirs
je jouis
orgasme buccal
dans un corps en cavale
extases animales
dans un halètement de chairs
conviviales
je jouis
elle m'a convié
dans son palais
des mille et une nuit
le regard flamboyant
et la bouche gourmande
je jouis
je l'éclabousse de joie
l'horizon se déploie
dans un feu d'amour
et de toi.

Envolée passionnelle

Sois qui tu es
suis par voie si vivante
vas vole vois
vois l'Univers à tes pieds
qui déroule ses largesses
en un tapis de vérités
!
Que ta chair en profusion
abreuve ma passion
que ta chatte griffe
la volupté de mes pensées
aussi lubriques que l'envolée
de nos sens grisés
!
Je suis encore du précipice
qui me précipite en toi
plongée sublime
dans le calice de nos ivresses
liesse euphorique
où nos sexes se pénètrent
avec délectation
.
Désire-moi sans retenue
baise-moi jusqu'à l'absolu
je suis sur ton chemin
surtout garde bien ma main
dans le creux de tes seins
je veux vibrer mon amour
jusqu'à la fin de nos jours
!
Jouir ah jouir
ô mon amour juvénile
mon bonheur printanier
je suis l'hirondelle
de la liberté
le soleil peut m'abreuver
de ses insatiables baisers
!

Pucelle érotique

Hiver clément
amour ardent
appel du firmament
je n'ai rien vu venir
ni de l'Au-delà ni d'ailleurs

son sourire resplendissant

entends-tu son con
rire de tant de liberté
que le ciel l'a déposée
sur mon horizon léger

la déshabiller de haut en bas
et qu'elle plonge avec avidité
dans notre stupre délié

yoni soit qui mal y pense

je veux fendre son bas-ventre
de mon linga extasié
par cette pucelle avide
de ma faim de chair
qu'elle déverse sur moi

je suis un phallus joyeux
entre ses doigts généreux
dis-moi : tu me veux

tu me veux vraiment
absolument vraiment
pour marcher longtemps
dans le sillage de nos sens ?

alors n'hésite pas
viens
déflore-moi de haut en bas !

Déclaration d'amour

Le ciel s'incline
devant sa jeunesse qui rayonne
d'une liberté qui affole
la frilosité du tout-venant.
Elle se donne avec fougue
et ce brin de naïveté
qui nourrit son âme d'enfant.
Elle se donne et elle me prend
avec cette ardeur que seul
déploie un amour fervent.
Elle me prend passionnément
avec un naturel si troublant
que j'en perds toute certitude.
Elle me prend sans retenue
sous l'auvent d'un ciel tout nu
et je me donne à cœur éperdu.
J'ai mille ans
sera-t-elle compte que
j'ai mille ans
et une âme d'enfant ?
Je suis l'amant aimant
d'une femme à la liberté
qui déchaîne l'opprobre
des bonnes gens
elle est l'égérie sensuelle
d'un homme à la liberté
inconditionnellement
ravivée par les étoiles
d'un firmament tout blanc.

Mauvaise vie

Fille de mauvaise vie au cœur beau et au regard doux, j'ai découvert la Liberté dans ton amour libertin. J'ai rencontré le jour, j'ai rencontré la vie entre tes bras et ton sexe épris. Tu te donnes à moi sans m'appartenir, je me donne à toi sans te convertir. Chevauche-moi du haut de tes rires cristallins, la bouche emplie de soupirs satin. Je n'aime que toi ma liberté acquise. Je n'aime que toi ma luciole conquise. Femme rétive aux cheveux lapis-lazuli, tu enfreins la morale et j'enfreins la culture. Vis mon amour ta libre démesure, je te suis dans ce dédale qui susurre une lumière dépouillée de toute censure.
Fille de bonne de vie au corps si vivant et à la jouissance si exubérante, avec toi mon être se déchaîne des scories d'une morale peu amène. J'étais, je croyais être mais je le suis devenu entre tes lèvres de velours, libre à l'envi et sans regret. Nous sommes qui nous sommes. Que le temps nous emporte vers des senteurs de vie tellement fortes qu'il nous grisera d'un bonheur ébloui ! Aimons-nous avec cette soif inextinguible que seuls connaissent les amoureux fous, anarchistes sauvages, des étoiles suspendues au cou ! Et que le désir nous engendre dans un cortège de soupirs et de baisers tendres. J'aime la vie.

Qui

Roses
les flocons nuageux
soleil irradiant
à l'aube
d'une nouvelle vie
branche étrange
d'un bonheur en tranches
qui dérange qui
ombre et lumière
chambre éclose
à un désir blasphème
ombre et lumière
l'amour est fier
d'être libre

Je l'attends déjà

Le ciel est morose
tellement morose
elle est repartie
Paris le don de soi la rencontre
elle est repartie
elle reviendra
certes
mais que c'est vide
sans elle
et mon corps qui la sent
qui la respire
et mon esprit qui s'en inspire
et mon âme qui s'en nourrit
plongée indicible en elle
fusion sensuelle
transcendance sexuelle
jouir l'amour
dans un même élan
ne plus faire qu'un
suspendu à ce moment hors du temps
où je suis en elle irrésistiblement
où elle est en moi infiniment
le ciel est morose
je l'attends déjà

Sérénade matinale

Au cœur de la nuit au bord du jour
je t'enlace mon amour
de mots et de soupirs
de désirs et d'à venir
Au cœur de la nuit au bord du jour
ta fraîcheur de rosée matinale
ta saveur de fruit de saison
douceur d'un bonheur sans pareil
rires d'un horizon allègre et infini
aussi légers que

ta voix d'alouette à l'Aurore d'un Autre jour
buvant la Sève d'une Vie libérée d'elle-même
ta chair effervescente tel un buisson
de forsythia en fleurs
ta passion incandescente qui brûle
le bonheur comme un bâton dansant
et
ta volupté ardente si ardente
que j'en perds toute notion du temps
suffoqué par le désir et une jouissance sans voix
Au cœur de la nuit au bord du jour
vibrations intimes vibrations d'amour
je suis sur les ailes du tant

Voyages

Le soleil décline
la Chine est loin
le Brésil babille
sans entrain
j'aime les extrêmes
je suis trop vieux pour avoir peur de vivre
et trop jeune pour mourir de rire
le soleil décline
le bonheur grésille
je chois entre ses bras
naïade délurée
au rire cristallin comme une nuit à Prague
je veux la suivre je veux la guider
sur les rives du Potomac
le soleil décline
il est temps de se lever
faire vibrer sa chair diapason
de mes désirs
et la remplir toute de ma jouissance subjuguée
je suis trop vieux pour avoir peur de vivre
et bien trop jeune pour me soucier de mourir
elle a tant de choses à me dire

Elle

Elle se donne
le cœur au bord des lèvres
à des hommes en manque de fièvre.
Elle se donne
sans compter ni barguigner
à des hommes en mal de vérité.
Elle se donne
ce n'est pas bien c'est un péché
sous nos latitudes trop moralisées.
Elle se donne
et ils payent pour se défouler
se soulager se métamorphoser.
Elle se donne
fille de joie pour la dernière fois
avant de se donner à l'amour.
Elle l'aime.
Il se donne
léger de cet amour libéré
de toute contrainte endiguée.
Il se donne
à une liberté réjouissante
pleine de vitalité rafraîchissante.
Ils se donnent
l'un à l'autre avec volupté
le temps peut bien s'arrêter…

Vieillissement

Je suis un intarissable amant aimant.
Décrépitudes du temps. Usures de l'âge qui s'égouttent consciencieusement sur les tissus essoufflés d'une humanité malmenée. Je flétris de trop vivre sur le fil d'ivresses intemporelles. Je suis éternel. D'une éternité chancelant sur un tempo fragile mais vivant. Je tutoie l'abîme et le sublime. Mourir et renaître à chaque instant. Décrépitudes du tant. Je n'entends plus mes sensations, la vie à fleur de peau. Terrible déconnection de soi-même et des autres que cette surdité

insidieuse surgie à l'improviste, vile gueuse qui ronge l'espoir. Soudain, je n'ai plus que les mots pour dire des maux inaudibles. Et l'Amour. Je sais maintenant la solitude oppressante du silence. Délivrez-moi !
Je suis un insatiable amant aimant.
Mes sentiments ont toujours 20 ans. J'ai l'âge de la déraison. Je n'ai plus guère de saison. Tout n'est que moisson. Mes sentiments ont encore 20 ans. Comme hier et comme demain. Je surfe sur les vibrations charnues d'un cœur da capo. J'entonne les arias d'une existence aux odeurs de bégonias. Et je halète des jouissances qui n'en finissent pas de jouir. Mes sentiments ont 20 ans et quelques rides au coin des yeux. Elle est à peine éclose et encore toute chose, toute chahutée par une existence faite d'émotionnelles overdoses. Elle est sexuelle et fleur bleue. Avec elle j'ose être jeune et vieux, fou et sage. Finir en apothéose. Jouvencelle, mon eau de jouvence. Délivre-moi !
Je suis un intarissable amant aimant.

Effarouchée

Petite femme effarouchée.
Tendre sauvageonne.
Tigresse sans griffe.
Timide libertine.
O fesses redondantes.
O seins exubérants.
O sexe affolant
comme un bouton de rose
en pleine éclosion.
Petit animal blessé
en son corps de braise
baise les cimaises de la vie.
Je t'apprivoiserai
jour après jour
avec la patience infinie
d'un élément fougueux.
La délicatesse de tes désirs
les éblouissements

de tes jouissances
me réjouissent
à ne plus savoir
m'enfouir.
Chevauche-moi encore
reviens-moi toujours
et efface en moi
cette peur qui sourd.
Tu es si forte sous ta fragilité.
Ma tigresse sans griffe.

Éloignement

Elle roule
gris le ciel bas
le froid la neige à perte de vue
elle roule
elle s'éloigne le temps de revenir
le cœur joyeux
le corps enjoué
elle roule
au rythme lancinant du train
solitude du temps suspendu
à son retour
sous le soleil de ses yeux
bleu le ciel haut
le chaud la lumière à perte de vue
je croule
le froid la neige à perte de vue
et son corps si chair
si cher à mon cœur
je l'attends

Le matin

Ce désir frais fou
surgi de la nuit
au seuil du jour.
Impérieux cri de la vie
érigé sans détour
sous les draps chauds
d'un matin lumineux.
Sexe-tison prodigue
que le désir matinal
attise d'une ardeur
à l'arrogance juvénile.
Envie de pénétration
animale et instantanée.
De jouir dans un râle
à peine réveillé.
Lumière rase
elle dort…

La nuit

Elle jouit
la nuit
tout dort alentour
le sommeil lourd
elle jouit
à petits cris
dans la touffeur
enveloppante
qui les a surpris
au cœur de la nuit
surpris et conduits
sur l'onde tellurique
de leurs sens aiguisés
par un désir noctambule
elle jouit de jouir
et il jouit de la voir

jouir ils jouissent
la nuit
au cœur d'une nuit
faisant soudain corps
dans un chant
de chair exaltée
seuls
dans la pénombre
profonde et complice
deux orgasmes
ont jailli
une nuit
comme tant d'autres.
Elle a souri
ils se sont endormis…

L'après-midi

La lumière
le soleil au sud
un jour
n'importe lequel
la lumière crue
indiscrète à souhait
eux
tout un poème
il la dévêt du regard
elle dévêt juste ce qu'il faut
la Belle enfourche la Bête
dans un roulement crescendo
de soupirs insoumis.
Lumière !
Le soleil se voile
d'un nuage langoureux
…

Le soir

Le regard fatigué
d'une journée prenante
cerné de désir frustré
un soir
comme tant d'autres
harassé
le lit pas encore chaud
deux corps fourbus
lumière tamisée
le regard fatigué
mais souriant
les mots s'enchaînent
la chaleur s'installe
et le désir s'invite
la fatigue recule
la lumière se fait caresse
une main s'immisce
un baiser puis deux
d'abord hésitant
à peine un effleurement
puis enflammé
impérieux
un soir d'éveil éblouissant
où le désir prend feu
sur un lit soudain
ébouriffé
de regards qui ont oublié
d'être fatigués…

Fidélité

Elle. Rien qu'elle à côté de ce séduisant cours ruisselant de femmes et d'hommes tissant mes jours, mon existence au long cours. Elle. Rien qu'elle et moi. Je crois. Je sens. J'espère. Je veux. Sur la sente qui chemine dans la forêt de notre amour. Elle. Rien qu'elle et la vie qui nous a saisis au détour d'un destin allant, imperturbable, son petit bonhomme d'émois. Elle. Rien qu'elle et l'amour.

Comment résister à une telle invite hors des sphères sages ? Pourquoi résister à un tel voyage lorsque le bonheur est au rendez-vous ? Comment ne pas être à elle, rien qu'à elle, alors qu'elle est soudain tout, un tout qui donne tant ? Comment ne pas se déposer juste dans ses bras d'amante aimante quand le plaisir féconde une sérénade enivrante ? Pourquoi donc s'en aller s'encanailler dans les méandres tortueux d'une jouissance aléatoire ? Elle est présent et futur. Dans un lit de désirs sans armure.

Pendant que la vie va en virevoltant vivement sous les volutes violines de notre voûte céleste. Elle. Rien qu'elle. Et notre amour séditieux. C'est si délicieux l'amour à deux. Je le crois. Je le sais. Je le sens. Je le veux. Maintenant. Pour elle. Rien que pour elle. Et nous. Et moi bien sûr. Qui découvre l'amour sous un nouveau jour ? Comme à chaque fois. Car je l'aime. Elle. Rien qu'elle.

Baiser

Baiser
le jour la nuit
maintenant après
baiser toujours
entre sa bouche de velours
et son nénuphar polisson
baiser encore
dans des corps à cœur
tâtonnants et excitants
baiser à volonté

chair contre chair
désirs époustouflés
baiser
l'esprit totalement dénudé
par un flot de sensualité
Vous savez
j'apprends à baiser
à ses côtés
!

Homme

Je fus homme. Je suis homme. Je serai Homme.
Je fus handicapé. Je suis libre. Je serai Radieux.
Je fus rien. Je suis tout. Je serai Éternité.
Je fus ombre. Je suis lumière. Je serai Intemporel.
Je fus l'ombre d'eux-mêmes. Je suis la lumière de moi-même.
Je serai une étoile au fronton de l'Amour.
Homme de genre masculin
de sexe multiple et singulier
je bande de vivre
dans les yeux énamourés
d'une femme aussi bleue
que le ciel qui m'a vu m'élever
pour rire infiniment
et faire l'amour
à contresens
.
Je fus doute. Je suis Désir. Je serai Matrice.
Je suis Homme. Humain. Humanisant. Humanisé.
Humanisme.
Elle est Femme. Féminité. Féminitude. Fertilité. Fécondité.
Et l'amour les a engendrés dans un flamboiement de sensualité.
Nous sommes.

No sex

Bouge bouge
bouge-toi
ce corps aphone
et à flore
de peau
tu crisses sur le lit
immobilité crasse
sous la couette
qui trace des frustrations
massues en masse
le corps veut la tête ne veut pas
plus la tête veut plus
que
« grimper dessus »
escalader le mont chauve
la bite boite la tête aussi
faut « grimper dessus »
le désir est fatigué
d'escalader un plaisir
handicapé
la bite se sent con
devant la réalité de l'abscons
bouge mais bouge
bouge-toi
mouvement immobile
désir fébrile
culpabilité en mouvement
.
Comment
mais comment
être soi
sans frustrer l'autre
?
Comment ne pas frustrer
ce corps juvénile
à la jouissance volubile
avec ce corps immobile
qui se convulse et se réfrène

?
Tant de sève qui se sauve
dans une overdose d'envies
frustrantes et ligotées
« pas de bras, pas de chocolat »
pas de bras pour donner de la joie
de la jouissance à tour de bras
pas de levrette pas de galipettes
que des fantasmes en goguette
…
Protéger l'amour
sauver l'amour
du constat sans détour
implacablement irrémédiable
de la fatalité
…
Bouge bouge
bon sang bouge
ce corps figé dans sa vitalité
meurtrie d'être limitée
!
Comment la faire vibrer
sans la frustrer
comment comment comment
?
Je suis son amant
pourtant
…
Je suis son aimant
désirant
et détesté ce
désireux
d'être un amant
en mouvement
.
Je bouge
…

Bleus

Elle est bleue comme le ciel au-dessus de mes yeux.
Bleue comme des ecchymoses un jour de grand feu.
Bleue comme la nuit qui enveloppe ses songes.
Bleue comme une âme blessée dans sa flamme.
Bleue comme une apprentie des choses de la vie.
Bleue comme le Danube dans le reflet de sa bouche.
Bleue comme la robe qui moule son cœur jaune comme une pépite d'amour.
Bleue comme les rêves de son cœur amoureux.
Bleue comme le froid qui engourdit son corps.
Bleue comme l'horizon de mes mots sur ses seins.
Bleue comme la beauté émanant de son regard vert.
Bleue comme ses cheveux azuréens.
Bleue comme sa liberté qui s'envole vers la sérénité.
Bleue comme le baiser que nos lèvres dessinent.
Bleue comme la vie qui plonge dans l'Infini.
Je suis rouge, vert, noir, blanc, turquoise, fuchsia, orange.
Je suis un arc-en-ciel sous son soleil bleu.
Je suis multicolore, multiple, multifacette, multirisque, multiracial, multirécidiviste, multivies.
Je suis amoureux d'une ode bleue.

Jeunesse

Légèreté soucieuse
à l'interrogation rieuse
galbant son être
d'un tempérament d'organdi
je la découvre jour et nuit.
Elle a l'âge de tous les espoirs
elle a l'âge de tous les possibles
l'amour est son cœur de cible
elle a la rage qui fait choir
elle a la rage du vouloir.
Et cet amour qui vacille
dans les sentiers erratiques
d'une jeunesse en quête
d'une légèreté rieuse

afin de s'épanouir sous les tropiques
d'une existence aux latitudes
        infinies.
Qui suis-je pour être aimé
par cette Lumière de vie
moi sur qui sa beauté intérieure
        rejaillit ?

Renoncer ?

Torturé
comment ne pas se torturer
le corps confit dans sa réalité
mort vivant si vivant
l'accommoder à sa vérité
immuable inflexible intolérable
parfois
pas toujours pas tout le temps
parfois
pas trop souvent
torturé
de ne pas pouvoir la combler
torturé
de la priver ?
Mais de quoi au fait ?
Le sait-il
l'esprit torturé ?
Culpabilité !

Fuir
comment ne pas fuir
et s'en accommoder de cette réalité
si exigeante pour s'élever
vers une liberté sans concession
dès que le mouvement s'agite
afin de l'enlacer à bras le cœur
vous savez vous
comment ne pas fuir
parfois
pas toujours pas tout le temps

parfois
pas trop souvent
fuir
pour oublier momentanément
échapper aux griffes
d'une existence ligotée ?
Mais à quoi au fait ?
Sa normalité déchue ?
Le sait-il
l'esprit en fuite ?
Culpabilité !

Renoncer
mais comment renoncer
à elle que la houle à déposer
sur le rivage de mon amour
foisonnant de vitalité
cantique des cantiques
à fleur de singularité
je ne peux pas renoncer
à cette lumière frustrée
à fleur de peau
de m'aimer
intensément délicatement librement
libre lumière juvénile.
La faire vibrer à en perdre haleine
sans la blesser dans sa sensualité.
Vivre cortège incessant
de renoncements qui s'enchaînent
sans enchaîner.
Je balbutie ma philosophie.
Culpabilité !

J'ai beau savoir
que la vie est frustrations
manques inassouvissements
que la vie est aussi imparfaite
que notre amour est parfait
j'ai beau savoir
l'ombre me happe et ronge
ma sérénité.

Je me sens con avec
ma queue qui plonge soudain
dans les remugles sombres
d'une angoisse d'outre-tombe.
Je me sens coi dans
ma langueur monotone
de corps qui détonne
je me sens émois
sur un souffle aphone.
J'ai beau savoir
que qu'elle n'aura jamais tout
que la vie est frustration
que la vie est frustrations
manques et inassouvissements
que la vie est choix
que tout choix est une déchirure
une petite mort vers l'ouverture
j'ai beau savoir
je regrette de ne pouvoir
combler sa plénitude
la chevaucher
à coups de reins et de gratitude
je regrette de n'être qu'un homme
immobilisé à l'orgueil éploré.
Culpabilité !

Je renonce à fuir pour me torturer
je veux l'aimer
je veux la désirer
sans me voiler le cœur
et le sexe
sans m'égarer dans des sens
inconsidérés.
Je suis qui je suis
tant et tout tant et si peu
tant et tant.
Soyons
mon amour.
Le voulons-nous ?
Le pouvons-nous ?
Le peut-elle ?

Le veut-elle ?

Au loin
l'Aurore.
Au-dedans
des pleurs de joie.
Des hauts et des bas
elle et moi
nous.
J'ai besoin d'elle
j'ai envie d'elle
j'ai besoin de moi
j'ai envie de quoi ?
De croire.

Bonheur

La vie est un chaos harmonieux. Harmonie, harmonium, harmonica. Musiques. Elle chantonne au loin dans la chambre en demi-teinte où la pénombre s'additionne à sa lumière profane. Techno, technique, tectonique. Je suis sur le pas de la porte du temps qui tente hardiment de tracer son sillage pour une éternité à venir. Elle chantonne dans la chambre de toutes les avenues. C'est une femme en devenir. Une fleur que l'amour n'a pas vu surgir. Harmonie, harmonium, harmonica. Quelque chose me dit que le bonheur est au bord des soupirs qu'exhale son cœur et mon sourire. Bien sûr, il y a des jours qui transpirent, des nuits aux cauchemars-vampire. Mais vivre et respirer, ce souffle, ces battements réguliers d'un bonheur qui aspire à naître à lui-même et à n'être que du bonheur. Elle chantonne et je conspire une prose soudain emplie de désirs. Elle chantonne dans notre chambre qui résonne de ses soupirs. Je l'aime au-delà de tout ce que je puis dire ou écrire. Amour de chair, de sang et de sens du jouir. Bonheur en chemin pour se construire. Je l'aime. Mais ce n'est que le début. Le commencement de l'infini absolu à fleurir. Aujourd'hui c'est demain. Nous sommes sur le chemin d'un chaos joyeux entre nos mains.

La teuf

La nuit. Quand tous les chats sont gris. Qu'on est entre moi et soi. Entre potes et potesses. À l'abri des regards de la France morale. Borderline. Bordermine. On fonce vers la défonce. Pour s'éclater la rate, le foie et la tête. Music à donf, lancinante et répétitive. Enivrante jusqu'à la transe. On ne s'entend pas. On ne s'entend plus. Mais on ne vient pas pour s'entendre, on vient pour s'éclater. La rate, la panse et la tête. C'est la teuf. On vient pour s'égosiller, se torcher, se cuiter, se shooter et draguer. Consommer pour se consumer. S'éclater pas se rencontrer. Pas vraiment. Ne plus penser. Fuite en avant ? Fuite en arrière ? Face de bouc tient lieu de lien et de mère. Faut déballer et emballer pour le fun et le vide. Agitation avide. Angoisse du silence. Conquérir pour assouvir. La beuh et les amphéts, ça aide à dealer l'amour sous la frime d'apparences rances. Macho bobo. Gloire à la dépendance. Aux dépendances. Pendant que la vie s'engloutit. On s'agite. On dégueule. Gueules de bois. Faut se torcher et baiser pour s'exciter. Profiter ! Pour avoir le sentiment d'exister. Comme si la vie on n'y croyait plus. Révoltés, désabusés, cabossés. Les rires sont ivres d'excès sur le fil du futile. Orgie musicale, hurlements déchaînés. Fuck à cette société débile !
Anesthésie inutile. La réalité revient toujours même derrière la défonce, Alphonse.
Qu'ai-je compris à la vie ? Suis-je un vieil imbécile ? Un vieux con radoteur ? Je reste sur le trottoir à contempler des existences qui s'enfoncent dans le bitume de leurs bitures et de leurs cris sans voie. Je sais trop le coût de la vie pour m'enfoncer aussi. Demain c'est aujourd'hui. C'est tellement précieux une vie, même d'écorché à vif, même de proscrit. Vivre debout, quel que soit le prix, pour ne pas oublier qui je suis. J'ai tant donné pour ne pas l'oublier. Je me défonce au bonheur et à l'amour qui le nourrit. Je fais la teuf dans les yeux de ma mie. Je danse et je ris dans son cœur si joli. Elle est mon ivresse et la drogue de mes nuits. De mes jours aussi. Sous l'ombre la lumière. Dans le silence la vie, la rencontre avec Soi, elle ou lui. Se laisser porter et vivre. Oser la liberté d'être libéré. Loin d'une certaine folie saoulée.

Je vis donc je suis. Je vis donc je veux. Je vis donc je peux. La fête peut continuer jusqu'à l'Éternité, jusqu'au Commencement de tout. Jusqu'au bout de nous. Elle et moi. La fête à chaque pas, à chaque souffle, à chaque regard, à chaque baiser de nos lèvres enflammées.
J'aurais voulu faire l'amour quand elle a surgi dans la nuit. Mais nous avons dormi. Un plaisir aussi. Être blottis au fond du lit. Un Amour infini.

Dévergondage

Désirs. Désir de la désirer. Comme une musique de peau à peau et de sens
Savourer ces citrons chantant sous une langue qui danse sur leurs saveurs exquises. Je frise l'extase surprise par le bonheur. Son corps palpite au rythme d'un cœur conquis. Bonheur de sa chair s'invitant à la table de nos folles élégances. Fulgurances denses. Comment ne pas être gourmand auprès d'une délicieuse engeance ? Plantureuse libertine. À la chair exubérante qui exulte. Friandise sensuelle s'attardant sous un isthme lingual aux lèvres purpurines. Je l'encense.
Caresses charnelles. Ma main dans sa main glisse sur le pétrin de sa Féminitude. Caresses visuelles. Je la caresse à bras-le-corps d'un regard essentiel. Je l'enlace à corps perdu de mes yeux en liesse. Elle est belle et douce et câline et coquine. Sa chair s'offre à une jubilation ondine. Sa chair se déploie sur l'envie évidée de toute retenue. Elle est qui j'aime le plus au monde. Un souffle de désirs qui dépasse le désir et s'élève dans les nues. Ses seins mamelus replongent sur ma bouche éperdue.
Attenter à sa chatte et lui intenter des procédures fusionnelles. Consommer son con sommé de se consumer d'amour et de plaisirs sexuels. Consommer le velouté de son écrin volubile d'une verge intensément éprise de sa houle océane. Cambrure chaloupée pour une incantation pénétrée de sa posture profane. Femme somptueuse gouleyant autour de mon émoi érigé. Nudité imprégnée de sa sensualité. Chavirement dans un déferlement jouissif. Suffocation des sens. La chatte

s'enfonce au plus profond de nos songes. Éblouissements astronomiques. Être l'orgasme qui réplique.

Angoisse

Édenter ce vagin denté
se libérer de l'ombre sombre d'une peur oppressée
oppressante jusqu'à s'effondrer
dans sa tête submergée
se castrer par peur de s'encastrer
de se fondre dans une chatte confite de joie
qui n'attend que ça
jouir d'une baratte virile
traverser l'ombre pour la lumière
qui transpire derrière
qui n'espère que l'apaisement de l'esprit
cet esprit torturé
d'avoir trop pris
jusqu'à se renfermer dans le déni
de soi-même
Je veux baiser
sans crever de pénétrer
l'absolue jouissance
je veux t'aimer en toute puissance
ne plus craindre de m'effondrer
dans l'ombre qui m'a dévoré.
Je le veux. Je le peux. Je le dois.
Sauve-moi de moi-même
mon papillon bleu
dans la chaleur de ton écrin
généreux.
Je suis l'homme aux confins
des blessures qu'il a générées
pour se protéger de morsures
désenchantées.
Je bande soudain.
Sous le chagrin la vie.
Ma lumière infinie
mon amour de toujours
je t'aime donc je suis.

Juter

Elle traque la trique et la croque
je craque
dans sa buccale crique lubrique
et me répand

Je touille ses escalopes qui mouillent
elle queen
sous ma lécheuse qui fouille la nouille
et jouit

Oui ! Mon cœur, c'est bon comme ça...
Le sexe est une musique
lorsque son corps s'excite
trémoussements de cantatrice fun

Elle m'excite de sa voix qui m'invite
dans les profondeurs vertigineuses
de ses chairs libidineuses
ma batte bute sur des sensations
en but à une révélation
j'existe je sens je suis
homme

Elle m'a englouti dans son conduit
aux mille clapotis veloutés
con verge anse
autour d'une danse pistonnée
abondance de plaisirs éblouis
elle me chevauche à cru
humant ma hampe avec l'ardeur
d'une hirondelle en rut

Tout en moi se rue
vers la reddition suprême
elle m'accule sans retenue
dans mes ultimes réserves
au rythme effréné de son cul

mettant ma bite sur orbite
avec la hardiesse d'une ingénue
devenue libertine

Copulation quand tu nous tiens
copuler devient un breuvage
où il ne fait pas bon être trop sage
il faut juter de la queue et du con
divine convergence
sur la crête de nos jouissances

Comblés et joyeux
dans sa main ma queue…

Apaisé

La révolte s'est dissoute. Peu à peu. Au fil des ans et de l'âge. Signes extérieurs de sagesse : l'apparence s'épure. L'être se pose dans la peau de l'homme qui s'impose. Plus besoin d'attiser les regards, il suffit désormais d'être. Et d'aimer. Et d'être aimé. Sans amour il est illusoire d'éteindre la révolte ? Plus besoin de colifichets, de marques distinctives, de postures attractives. Elle est donc je peux être. Elle est donc je suis. Je suis donc je peux être. Sereinement. Dans le cours infini du temps qui me reste. Rites de passage. Il me semble que j'ai vécu tous les rites. Il me semble. Je veux le croire. Est-ce pour cela qu'elle est venue ? Pour m'émouvoir et m'interpeller ? Belle comme une vie sous un soleil plein d'espoir. Épure. Il est des amours qui vous épurent des ultimes scories de l'esprit. Il est des bonheurs qui vous ouvrent les yeux à l'envi. Il est des présences qui vous apaisent sans bruit.
    Elle est venue. Je peux. Je veux.
    Enfanter aujourd'hui et demain.

Matinal

Désir matinal
presqu'animal
au saut du réveil
le sexe jaillit
du fourreau de la nuit
envie subite
qui s'invite
gorgée de vie
sous la couette soudain
trop petite
trop étroite
regain d'énergie
de vitalité désireuse
d'exprimer
sa jouissive
autonomie
Elle est
donc je suis
puissance
Elle est
ce désir matinal
presqu'animal
irrépressible
au saut de l'éveil
près d'un cœur
qui irradie

Lui

Le matin c'est trop tôt
le soir c'est trop tard
l'après-midi ça pourrait
mais il y a trop à faire
et
surtout
il y a lui
qui interdit toute fantaisie

lui
toujours lui
encore lui
jour et nuit
qui freine les envies
qui les réfrène
sans répit.
Pour une vie ?
Ou deux ou trois
tant qu'on y est
pourquoi pas...
La résurrection a ses joies
de vieux rabat-joie.
Pendant que lui
il suit le cours de sa vie
matin après-midi ou soir
il n'est jamais trop tôt
ni trop tard
il a d'autres soucis
lui...

Délivre-moi

Délivre-moi des maux qui plongent
dans toute ombre glauque et brisée.
Délivre-moi du temps qui s'enlise
en des circonlocutions si vaines.
Délivre-moi des scories d'une vie
sans vie qui surgiraient de l'ennui.
Délivre-moi de moi-même et
de tous mes fatras sans saveurs.
Délivre-moi de toute routine
qui viendrait enfreindre nos envies.
Délivre-moi des platitudes inutiles
d'un handicap qui s'égarerait en lui-même.
Délivre-moi de toute paresse intime
qui s'immiscerait dans notre liesse.
Délivre-moi de regards trop pathétiques
pour oser rire d'une vie délivrée.
Et je te délivrerai de tout ce qui te retient
de vivre déchaîner de toi-même.

La combler

Comment
la combler
lorsque le corps est encalminé
dans un handicap à vous figer
les os dans leur chair mortifère ?
Comment
la combler
avec ce corps qui se pense
faute de se bouger sur un lit
à peine ébouriffé ?
Comment
la combler
avec ces mouvements immobiles
aussi intenses soient-ils
Jésus Marie Joseph ?
Les fantasmes sont bien fades
face à la réalité qui les enfante.
Elle s'empêtre dans la triviale
rigidité de ce corps figé.
Elle se lasse et se flagelle
la coulpe et la conscience.
Pourtant…
Comme une forêt, leur âme palpite d'un souffle ineffable. Entre ombre et lumière, sous-bois et clairières, amour et Amour. Comme une forêt, ils bruissent d'une vie de profundis. Ils sont pénétrés l'un et l'autre de cette force qui fait l'évidence. Quel est ce lien qui les fertilise ? Ils ont pénétré l'un dans l'autre. Désirs ? Destin ? Ils sont au bord du frisson que la vie leur distille avec malice. Ils sont à la croisée d'eux-mêmes. Forts et fragiles. Il est des choix fous. Liberté quand tu nous tiens…
La combler d'amour, de bonheurs et de plaisirs.

Sous elle

Sous elle
je suis
à elle
avec elle
en elle
je suis
et je ne serai jamais
je suis autrement
autre chose
pas autrefois
je suis
sous elle
elle est
sur moi
elle pourrait être
ailleurs
elle est sur moi
divine plantureuse
sensualité opulente
à croupeton
sur mon dodu…

Elle aime

Elle aime les hommes
elle aime les femmes
elle aime la vie
elle aime l'envie
elle aime la nuit
elle aime toujours
elle aime l'amour
elle aime la lumière
elle aime l'alcool
elle aime se vêtir
elle aime se chausser
elle aime se nourrir

et se dévêtir aussi
elle aime la vie
elle aime le bleu
comme la vie
un jour de ciel lumineux
elle aime l'amour
l'amour qui court
sur nos corps encore gourds
elle aime tant et plus
elle aime sur la banquette
d'une vie en ficus.

Elle et moi

Interchangeables ? Impossible.
Interconnectables ? Assurément.
Charnelle madone bleue au regard sensible
sensuelle femme-enfant en quête de son firmament
auprès de toi je suis
en toi je serai
par toi je deviendrai
et ce ventre qui m'émoustille
globe de chair contenant tout un univers
de vie aussi vive que vivace.
Interchangeables ? Impossible.
Interconnectables ? Assurément.

Interconnexions des sens et de l'esprit
de l'être et du corps
même si les corps balbutient
dans le décor indécis de nos esprits
à la croisée de qui ou de quoi ?
Nous avons été
nous sommes
nous serons
en équilibre sur ce ventre
où bruit la matrice
qui concocte la vie.
Femme fertile de tant de libertés
que la liberté en oublie d'oser

être elle-même
dans le sillage de l'infini.
Je t'aime dans ma nudité totale
totalement en harmonie avec la tienne
celle qui nous unit au-delà
du jour et de la nuit.
Le printemps revient. Le ciel se dégrise.
Elle et moi loin de la banquise.
Elle et moi à découvrir des amours insoumises.
Elle et moi nos craintes et nos certitudes.
Convictions pleines de latitudes.
Être…

Dégustation

Prenez
deux escalopes à la crème
garnies
d'un coprin chevelu
agrémentant un lit de semoule
moelleuse
mettez-y deux courgettes
bien charnues
savourez
selon convenance
voracement ou délicatement
de la bouche et des mains
pourquoi pas des pieds
selon les circonstances
mais surtout
n'hésitez pas
savourez dévorez
sans modération
ces pulpeuses saveurs
inconditionnelles
avant de tendre votre asperge
et d'en offrir la pointe
à point
à ses lèvres gourmandes
pour la sucer léchouiller tripatouiller

d'une langue luxuriante
avant de l'accommoder
de sa moule toute engorgée
d'un nectar à peine dégorgé
…

Apprendre

Apprendre à respirer ses yeux tellement juvéniles
son regard si bleu qui dévore mon cœur nubile
apprendre à vivre aux battements de sa voix
veloutée comme une nuit de pleine lune en joie
apprendre à suivre le cours de nos deux vies nues
qui se tricotent une maille à l'envers une autre à l'endroit
apprendre à attendre que le soleil se lève enfin
afin de voir plus clair au tréfonds de nos âmes
apprendre à surprendre ce cœur qui nous engendre
en caressant le bout du sein que la vie veut nous tendre
apprendre à comprendre qui nous sommes réellement
dans le brouhaha blessant de nos échos haletants
apprendre à apprendre tout ce que nous avons oublié
pour mieux déchiffrer les méandres de nos cris déliés
apprendre à jouir sur l'arrête de l'impossible
afin de pleinement rire de nos bonheurs irrésistibles
l'amour n'est qu'apprentissages dans le lit
de deux existences qui s'embrassent intensément

Je l'aime

Elle est si jeune
elle est frêle et forte tout à la fois
elle est la somme de ses doutes et de sa foi
elle est tout ce en quoi je crois
elle est la pureté impure qui rayonne d'un doux clair-obscur
elle est tout ce que j'aime dans une femme anathème
elle est ce sexe au cœur d'un tourment décapant
elle est ce que je ne suis pas
elle est ce que nous serons lorsqu'elle éclora
elle est ce corps qui se cherche dans sa chair
elle est ce cœur qui me séduit tant

Concert

Musique !
À la bonne franquette
dans une salle frisquette
courant d'air
courants dans l'air
bière coca crêpes
ambiance !
Agglutinement bon enfant
je regarde j'entends
j'écoute
et je souris
à la musique
je swingue
danse immobile
en rythme
devant moi
des corps en joie
agités et érotiques !
Frottements troublants
je n'en crois pas mes oreilles
de ce que je vois !
Musique
je suis ailleurs et pourtant ici
je danse avec moi-même
assis
au milieu de nulle part
et de tout
elle veille
sur moi ?
Je crois.
Musique
de l'amour
qui unit à des rythmes
pulsés jusqu'aux sens.

Sexologie

Du sexe au logis
de midi à minuit
baise-moi
baise-toi
baisons-nous
un baiser vaut mieux que deux tu l'auras
clic clac
à poil sous lui
ce regard qui excite
exhibition et voyeurisme
le sexe s'exporte
pour mieux importer du désir

Il voulait

Il voulait lui faire l'amour
il a fait l'amour à la nuit
sans bruit
la chambre était perdue
la lumière soudain crue
l'amour était nu
il voulait lui faire l'amour
sous ses yeux
les seins dansaient allegretto
mais pas trop
tout près et si loin
il voulait lui faire l'amour
ils ont dormi
comme un vieux couple
sans bruit.

Une vie ?

Tu te lèves. Tu pisses. Tu bouffes. Tu chies. Douche. Habits. Travail. Une pause. Tu pisses. Travail. Tu bouffes. Tu… Travail. Courses. Tu pisses ? Tu repasses. Tu ménages. Repas. Tu bouffes. Télé. Tu pisses. Au lit. Tu baises. Tu baises pas. Tu pionces. Bien ou mal. Tu te lèves. Tu pisses. Tu bouffes. Tu chies. Douche. Habits. Les enfants ! Merde ! Tu as oublié les enfants. Tu recommences. Tu t'agites un peu plus. Tu t'énerves. Pression. Impressions. Dépression. Tu cours. Bis repetita. Tu baises ou pas. Tu pisses. Les enfants. Ne pas oublier les enfants. As-tu baisé au fait ? Tu ne sais plus. Faut s'appeler DSK pour ces choses-là. La baise. Une hygiène. Un défouloir. Un déversoir. Tu dors. Tu ronfles. Tu te lèves. Tu pisses. Tu bouffes. Constipation. Merde ! Douche. Ronchon. Habits. Travail. Ah non ! Les enfants. Pas oublier les enfants. Flash-back. Constipation. Merde ! Les enfants. Ils font chier. Eux ! Et ça recommence… Jusqu'à épuisement. Jusqu'au dernier instant. Au dernier souffle essoufflé d'avoir existé. Tant bien que mal. Pour quelle finalité ? Que le Paradis est mérité ! Je vous jure. C'est la vérité. Faut arrêter de gamberger. De se remplir la panse, de se vider les sphincters, de se décharger à tort et à travers, de se torcher, de s'affaler, tout ça pour quoi faire ? Faut vivre la zenitude dans la plénitude ou l'inverse. Mais faut vivre. Et aimer. Et baiser par amour. Rien que par amour. Par amour ! Le reste se décline jour après jour comme une lancinance qu'il faut égayer par des sourires radieux. La vie se déguste. Mon vieux. Ma vieille. La vie se déguste. Elle est sans nul pareil. Cesse d'être l'ombre de toi-même. Savoure. Chaque instant est une éternité. Savoure tous ces instants qu'il faut mériter. Pour vivre. Sans crever épuisé de ne pas avoir vécu.

Prostration ultime

Baiser pour baiser. Qu'elle lève sa foufoune conquérante ! Qu'elle dresse ses nichons soyeux ! Qu'elle suffoque enfin sous mes fantasmes insensés ! Baiser pour baiser. Ripaille de chair et de sexe. De corps et de vie. Le con s'assèche. La queue se flétrit. Vorace. Qu'elle soit vorace ! Qu'elle redevienne sagace sur mon corps en apnée. Et la peur au bas-ventre de ne pas être à la hauteur devant tant de silence égaré. À en perdre l'arrogance d'une érection qui fait la révérence. Par peur de ne pas être à la hauteur. D'être tout et rien. Rien du tout ou si peu à côté de ces mâles membrés jusqu'aux dents qui vous tringlent une femelle aussi facilement que j'écris. Baiser pour baiser. La sauter comme je respire, ou presque, ou mieux de préférence. La sucer, la lécher, la mordiller, la croquer, la craquer. Tout sauf l'ignorer. Tout sauf passer à côté de cette chair qui déborde de sensualité. De cette chair qu'on ne peut que désirer, par devant, par derrière, de tous les côtés. De cette chair à qui on a envie de s'abandonner jusqu'à l'extase. Comment ne pas bander ? Comment ne pas juter dans sa bouche, dans sa jatte, tant elle en jette ?

Elle a le sexe vrillé au corps mais le corps atone devant mon corps immobile. Le désir au point mort devant trop d'efforts à fourbir. Elle a le jouir feu d'artifice qui s'éteint devant l'artifice de mon décor prostré à la levrette aussi verbale que futile. Baiser pour baiser. Trouver le chemin d'une jouissance aussi réjouissante qu'elle le fut, aussi libre, aussi spontanée qu'elle l'a été. Qui est handicapé ? Qui ? Moi qui ne pense qu'à bouger ? Elle qui ne songe qu'à ce qui pourrait être ? Baiser pour baiser. Que je la comprends : il est ardu d'être et d'avoir été. Plus simple de n'être jamais ? Les fleurs se fanent afin de mieux se redresser. Après l'hiver, le printemps. La sève qui rejaillit pour arroser la matrice de la vie. Baiser pour baiser. Qu'elle me chevauche comme une affamée ! Qu'elle m'enivre de sa liberté ? Je sens que je vais sombrer dans un désir de dératé. Je vais chavirer à en perdre les mots. J'ai la queue qui se met à marcher. Elle redresse la tête. En attendant d'être dégustée. En toute humilité. Je ne suis pas le mâle qui fait danser. Ni forcément rêver. Mais vivre. À en crever.

Baiser pour baiser. Je l'aime à m'en saouler de plaisirs à peine dévoilés.

Fable à jouir

La bite brame son désarroi
elle a perdu sa chatte au fond des bois
le chêne a perdu son gland
la nuit tous les amants sont gris
le jour tous les amants sont glamour
je t'aime donc je suis
tu m'aimes mais as-tu saisi
la touffeur de la forêt qui nous enduit
la bite s'ébroue dans le calice
de sa chatte au regard de pain d'épice.

Ils ont

Elle a 28 ans, 28 ans seulement ! Et pourtant. Tout son avenir devant elle. Vent debout. Il a 58 ans, 58 ans déjà. Et pourtant. Un passé plein de décibels. Vent arrière.
Elle est belle. D'une beauté sensuelle. Elle est charnelle. Pulpeuse à en être voluptueuse. Elle est belle comme une femme-enfant qui découvre son horizon d'amour.
Il l'aime. Ils s'aiment. Ils sont la synthèse d'eux-mêmes. Ils sèment. Ils sont le chœur de leur amour. Ils sont le corps de leurs sentiments. Ils sont un équilibre poli par le temps.
Il est étonné de se retrouver à la croisée de l'amour et de l'altérité. Il croyait sa vie derrière lui, elle est face à lui. Elle croyait sa vie devant elle, elle est en elle.
Ils ont 43 ans chacun, tout compte fait, l'âge de la maturité. L'âge de tous les espaces, de toutes les folies assagies, de toutes les sagesses folles. L'âge du plaisir qui se dénude sans bruit.
Elle a 28 ans. Un cœur gorgé d'allant qui bat au son de leurs moissons. Il a 58 ans. Un esprit nourri de sentiments rajeunis par sa présence qui fleurit. Tout est permis.
Ils avancent. Le corps de leurs cœurs se construit. Ils avancent. Le jour, la nuit. Vers où leur destin les conduit. Ils avancent. La vie est un festin que le temps accompli.

Chaque jour est une nouvelle vie. Chaque jour est une rivière qui les ravit. Chaque jour est une lumière qui s'interroge sur elle-même avant de luire sur leur hymen.
Il est séduit jusqu'à l'émotion. Ils sont. Et ils seront. Je crois. Tu crois que nous croyons ? Je crois.

Elle

Son corps, son sexe. Son cœur, ses mains. Ses yeux, sa bouche. Ses seins, ses fesses. Sa chatte, son chien. Sa beauté, sa féminité. Sa légèreté, sa liberté. Son être, son charme. Et moi…
Séduction quand tu me tiens. Elle est, je suis. Que sommes-nous ? Qui sommes-nous sur ce chemin qui nous a happés un beau matin ou un bel après-midi d'automne bien entamé ? Qui sommes-nous au creux de cette nos mains que le Destin a saisies d'un coup de reins ? Séduction quand tu me tiens.
Elle est ici, elle est ailleurs. Elle est partout, elle est nulle part. Elle est tout, elle est temps. Je n'ai qu'une envie : la poser dans mon cœur. Je suis séduit, je suis ravi. Kidnapping amoureux sur un écran fougueux. Je n'ai vu qu'elle, si loin et si proche. Quand l'amour vous surprend, il faut oser le suivre afin de trouver le bonheur dans les pages de son livre. Je suis ivre. D'elle ! Je suis Vivant.

Interrogation existentielle

Dieu
je ne sais pas
(ai-je jamais su)
pourquoi ces vies sans vie
cette insouciance
qui conduit à l'absence
ce laxisme
qui mène au schisme
pourquoi des êtres fuient
leurs responsabilités
citoyennes ?
Mépris du devoir.
Pourquoi ?
Société asociale.
Pourquoi ?

Nous

Elle est partie.
Elle va revenir.
Aujourd'hui.
Elle revient.
Elle se cherche.
De plus en plus loin
au cœur de ses souvenirs.
Paroles libérées
détachées de leur ancrage
douloureux
si douloureux
qu'elles ont été refoulées
pour mieux les ingérer.
Elle revient.
Elle se transforme.
Et moi avec.
Comment aimer
sans bouger ?
Oser
aller à la rencontre
d'un certain inconnu
donc de soi-même.
Le risque d'aimer
être libre et libéré.
Sans culpabilité.
Être
juste coupable
d'être heureux
à deux
différences rassemblées.
Amour
quand tu nous tiens
demain
est tien.
Est
NOUS.

Être

Je suis
ce Silence
ce Vide
cet Infini
je suis
cette Vie
Ma vie
la Vie
je vis
près d'elle
avec elle
en elle
je vis
comme je suis
comme je sens
comme je sais
Silence Infini du Vide
l'Amour
me nourrit
lumineux

Elle est seule

Elle est jeune
profondément jeune
elle est vraie
profondément vraie
si vraie
qu'elle est seule
profondément seule
Pour vivre une Vie
il faut être fort
profondément fort
et libre et ferme
et déterminé
et détaché
Elle est jeune

avec une fragilité au coin des yeux
une blessure qui suppure
des peurs enfantines
Je suis seul
profondément seul
et vieux profondément vieux
aux confins d'une existence
toujours en partance
et je l'aime Elle
si jeune si vraie
si seule
dans notre solitude à deux

Hémorroïdes

Hémorroïde erre
le trou de balle se fait la belle
dans des bulles d'hémoglobine
et comble du pathétique
sans le moindre petit coup de bite
pour se consoler du débarquement
rien que du saignement désolant
le cul est à feu et à sang
le fondement couine et se répand
indélicatement
au fond des slips et des caleçons
de quoi être élégant assurément
Si encore il y avait eu un amant
une petite enculade de derrière les fagots
pour justifier un tel débordement
mais que nenni
rien qu'une flaque d'humain déconfit
sur l'arrière-train qui déraille
avec un entrain
à en retourner les entrailles
et faire fuir le désir
d'une donzelle ou d'un Don Juan
Hémorroïde erre
vaut mieux rester abstinent
délicatement.

Le rap de la chatte

Poil soyeux qui miaule au premier baiser
à la première léchouille
feu de couilles
ma chatte ronronne des arpèges
sous son habit velu
toison coquine où se réfugie ma pine
les jours de conjugaison intime
Elle sent le foin elle sent la douche
elle sent le musc elle sent ma bouche
Cette chatte en émoi
qui râpe les lèvres et la langue
depuis qu'elle rase son minou
sa minette éperdue
Épines de fruits de la passion charnus
limant le désir d'un sadisme frondeur
car l'apparence brime les sens à l'affût
des soupirs d'une chatte qui n'en peut plus
VERTIGES
douleur et plaisirs
l'amour est peut-être sado maso
lorsque la beauté ressemble
à un ticket de métro
PEUT-ÊTRE ?

Son bedon

Matrones aux allures maternantes, à la chair débordante, pesante, adipeuse. Surcharge. Surpoids. Affects affectés par une angoisse lointaine. Angoisse viscérale.

Limites

Ma tête dit oui. Mon cœur dit non, je ne peux pas. Suis-je coupable de ne pas pouvoir ? Ma tête dit oui à toutes les libertés. Mon cœur dit non. Je n'assume pas toutes les libertés. Je voudrais, j'aimerais, je ne peux pas. Je n'y arrive pas. Mortel homme de chair, simple humanité, humain face à ses limites. À cette limite qui le taraude. Barrière invisible d'un psychisme prévisible ? Je ne suis que l'ombre de moi-même parfois, dans ces circonstances qui se heurtent et me heurtent aux limites de ma liberté d'être. Mon cœur voudrait dire oui devant ta désillusion, ma bien-aimée. Mon cœur voudrait se résoudre à faire souffrir encore une fois ma tête, ma peur, mon désarroi. Ce désespoir tapi au fond de moi, au tréfonds d'un passé lointain enfoui dans une mémoire trépanée qui vacille. Mais je ne peux pas. Je ne peux plus. Même par amour. Par amour pour toi, ma bien-aimée meurtrie. Meurtrie par ma limite d'être. Dis, peux-tu me pardonner de naître homme, homme si humain entre tes bras ? Dis, vas-tu pouvoir continuer à aimer un homme face à son humanité ? Face à cette limite qui te limite, ma bien-aimée. Ma tête dit oui. Mon cœur dit non. Et mon être saigne des sanglots venus de si loin, que tu as réveillés par ta soif de liberté. Je t'aime mon hirondelle pulpeuse. J'aimerais tant pouvoir te le prouver… L'amour est enclos dans le champ de nos libertés limitées par notre humanité. Suis-je humain à tes yeux ? Suis-je humain à ton cœur ? Ma tête dit oui. Mon cœur dit non. Je ne peux pas et je pleure de ne pas pouvoir, ma bien-aimée. Je préfère. Et je ris d'être humain. Enfin.

Tristesse

Réveil suintant des tourments oppressants. Le jour se lève en peine, avec peine. Une peine qui poisse sous un soleil matinal éclatant. Doutes. Agitation. Désarroi. Qui suis-je ma foi ? Le mal s'immisce dans un esprit au saut du lit. Doutes. Agitation. Désarroi. Les pensées s'entrechoquent. Les sentiments s'emmêlent. Tout mon être halète sous la couette. Tristesse *de profundis*. Incommensurable tristesse qui convulse l'esprit.

Tension de la relation. Intention. Attention. Contorsions. Mentales. Réveil mental. Le pire poisse sous un soleil matinal éclatant. Pensées dératées. Amour concession. Pas amour confusion. Surtout pas. Renoncer. À quoi ? Pourquoi ? Pour grandir ? Ou se meurtrir ?

Amour, voie de renoncements, sillon aux choix cornéliens chahuté par des humanités dissemblables, si différentes et divergentes parfois. Et cette force de l'entente. De l'équilibre entre des renoncements consentis. Mais jusqu'où renoncer ? Ma vérité n'est pas forcément la tienne. La tienne n'est pas forcément la mienne. Juste équilibre. Entre humanités unies par l'amour de l'autre, de l'aimé. Au point de renoncer, librement. Tristesse et déchirement. Rester humble pour rester soi. Mes limites ne sont pas les tiennes, ma bien-aimée, elles sont le poids de tes choix. Et vice versa. Nos limites sont la grandeur de notre amour ou sa propre limite. Surtout ne pas renoncer à soi. Nous sommes la somme de nos différences. Ou sa soustraction. Réveil suintant. Contemplant mes limites pour mieux me réveiller dans mon humanité débordante de vitalité. Je t'aime. Amour souffrance. Et deuils. Qu'il est ardu de l'accepter, ma bien-aimée. J'aimerais être parfait pour toi. Je ne suis qu'humain. Je suis humain dans ma chair et mes sentiments. Je ne suis que ma vérité. J'ai la sagesse de le reconnaître. Tu as la liberté de la refuser. Amour, construction conjointe tissée de frustrations et de libations. Chant intime qui nous culmine en des contrées alizarines. Je t'aime sous le chaos libérateur de l'incarnation.

Le soleil rayonne sur la voûte céleste. Il s'époumone sur l'azur. Comme la vie qui flamboie sous ma chair en pleine recomposition. La tristesse se dilue dans le bonheur d'être. Et d'aimer par-delà les morsures de l'ego. Je suis. Je suis qui je peux. Serons-nous ?

Toute limite confronte l'autre aux siennes et à la difficile nécessité du choix. Libre arbitre que réfrènent les contingences d'une liberté entravée par ses propres angoisses ou sentiments.

Deep spleen

Gris gros gras
les nuages
sur mes états d'homme
âme en berne
je flâne sous l'enduit
maussade
hard roque interrogatif
solitaire le regard affadi
par un horizon rétréci
chahut intérieur
après solitude nocturne
musique à donf
petit-déjeuner à flanc
de pensées soul âgées
Deep Purple outrage
le silence matinal
faut griser la morosité
solitude indécise
rétropédalage affecté
l'esprit embourbé
dans un trop-plein
d'émotions chahutées
se redresser rebondir
au-delà des nuages
gris gros gras
d'un printemps dépressif
jour sans
peut-être en mal de son sourire
peut-être
qui peut le dire ?

Éclaircie

Une lumière intense. Soudaine. Éblouissement. Émergeant péniblement d'une boursouflure nuageuse grisâtre. Bris de soleil au détour glauque d'un printemps atrabilaire. Trouée bleutée. Entre deux averses. Oppression météorologique. Dépression atmosphérique. « Atmosphère, atmosphère ! J'ai une gueule d'atmosphère, moi ? » Un peu de clémence climatique et céleste ne serait pas de refus. Je grommelle. Mais c'est peine perdu. Le temps est en capilotade. Je suis maussade.
Et amoureux. Si amoureux. Tant amoureux. D'une chevelure comme un coin de ciel bleu. Et de ce qu'elle coiffe : une frimousse aux yeux de faon éperdu au bedon paresseux et à l'allant sensuel. J'aime une femme-enfant. Regardez son bedon nonchalant qui se cherche tranquillement. J'aime le temps qu'elle suspend à son âge, le temps qu'elle me donne, le temps qu'elle me rend plus agréable et plus allègre de jour en jour. Et ce bedon qui tressaute lorsqu'elle fait l'amour... Elle est si jeune, je suis si vieux. Nous faisons la moyenne du temps qui nous reste à nous aimer et à enfanter la vie sous toutes ses formes. Dans un rire communicatif qui n'en finirait plus. Je l'aime le cœur reconnaissant et le sexe bandant. Je l'aime, le sexe hurlant son désir sous des cieux si peu cléments. Le sexe jouissant dans son corps de plénitude.
Une lumière intense. Soudaine. Comme un éblouissement de l'âme. Un flot de certitudes que déverse le ciel au milieu de ma solitude. Clair-obscur. Au fond de mon cœur, quelque chose me susurre que tu me reviendras encore plus belle, encore plus mûre. Entregent, entrejambe, entremet, entre nous. Douce éclaircie sur ton mont de Vénus. Folle symphonie dans ton aven réjoui. L'atmosphère se réchauffe dans le chant de ta conque qui s'épanouit en un râle de plaisir conquis. Reviens !

Au-dessus des nuages

Ma chatte vole
au-dessus des nuages
par un temps resplendissant
de printemps frustré
elle atterrira
dans mes bras
par un temps reconnaissant
de son retour sur terre.
Ma chatte est née
de l'autre côté de l'océan.
Hispanique bleue
comme une lagune.
Ma chatte mouille
dans des eaux territoriales
aussi charnelles que son corps
que je caresse des yeux
après l'avoir déshabillée du regard.
Ma chatte est née
de l'autre côté de l'océan.
Elle me grise tel un élixir
de jouvence et de désirs.
Ma chatte a atterri
sous l'allégresse de mes cieux
une fin d'après-midi
de printemps radieux…

Printemps

Pas un nuage à l'horizon.
Les toisons feuillues fibrillent sous un brin d'air guilleret.
Les abeilles besognent dans la lumière printanière.
Inlassable, le chant des oiseaux rebondit sur le soleil.
J'ai le temps.
Je suis le temps.
Je bois le temps à petites gorgées.
C'est le printemps.
Chichement.
Mais c'est le printemps.

Un jour. Un moment.
Respiration.
Enfin.
Elle besogne dans le jardin, comme les abeilles.
Elle plante. Elle sème. Elle arrose.
De la vie. De la couleur.
Du bonheur.

Dépression

Printemps automnal
il pleut des grenouilles d'une boursouflure grise et grasse
fraîcheur abrasive
il est des températures abrasives
du soleil qui ne veut pas du soleil
de la lumière un flot de lumière
sans interruption
jour et nuit
à profusion
le moral craque croqué par les nuages
il n'y a que la couette qui vaille
en cette morne saison
partout c'est l'oraison du temps
faudrait peut-être songer à changer
sérieusement de musique…
Elle dort en attendant
elle !

À l'ombre de mes mots le soleil se déploie
ciel transparent.

Accident d'amour

Accident d'amour
crash sentimental si peu banal
peut-on se priver de bacchanales
sans dépérir ?
Accident d'amour
sexualité en apnée
devant un champ de ruines physiques

Tant donner
par amour
sacrifice ultime ou dépassement intime ?
Surtout ne pas brader une sensualité bridée
équilibre fragile harmonie contraignante
pour un bonheur frustré
Quel est le prix d'un amour ?
Le soleil brille, le ciel rayonne, l'été se cramponne aux branches du catalpa. Et la vie vibre de mille trépas afin de mieux renaître dans le livre des cœurs aux émois indicibles.
Accident d'amour
elle s'est handicapée
par choix !
Fonçant droit dans le cœur
en un corps à corps
réfréné jusqu'à la nostalgie !
Je t'aime ma mie
mais pas pour ton malheur
surtout pas.
Ne pas enfanter une blessure
suppurant sous l'azur
de notre amour si pur !
Le soleil brille, le ciel rayonne, l'été se cramponne aux branches du catalpa. Et la vie vibre de mille trépas afin de mieux renaître dans le livre des cœurs aux émois indicibles.
Accident d'amour
à l'égard d'un homme trop différent
pour faire jouir par ses seuls atours dissonants.
Je suis un chauffard
au regard de velours...

Bandaison

Bandaison estivale
dès le réveil la peur poisse
le cœur étreint jusqu'au désespoir
et le soleil crépite de mille feux
adouci par un petit vent délicieux
les sentiments sont au beau fixe

l'amour est un bonheur
Mais le désir titube comme ivre de solitude
sexe en panne
pine en peine
chatte atone
sous des cieux tellement radieux
que le jour frétille à qui mieux mieux
Mais quelle est la lassitude qui brime
cette plénitude rayonnante ?
Bandaison estivale
la vie s'interroge dans un lit à peine froissé
cœurs à bâtons rompus
le sens blessé l'essence fourbue
fenêtres grandes ouvertes sur les nues
sexe en panne
pine en peine
chatte aphone
crever la bulle qui brame
en silence et en retenue
silence assourdissant de nos sens étourdis
inquiétude questionnement
frustrations ultimes
Mais comment éclore à la chair
de sa chair ?
Adrénaline au point mort
fantasmes à l'avenant
comme s'il n'y avait plus d'avant
et encore moins d'après
il fait si beau au-dehors
Mais comment trouver la force
de raviver nos corps dans le chaos pesant
de mon décor en friche
de passer d'un sexe débridé à un sexe bridé
sans le brader ?
Bandaison estivale
le soleil rutile sur l'horizon
j'aimerais être aussi léger que ce papillon
qui gambade dans l'air
avec la grâce d'un amant
folâtrant sur la rosée de son con
Suis-je trop vieux

trop raide pour grimper le mont ?
Je sens comme une peur monter
en amont du bonheur qui nous enrobe
dehors il fait si beau et si bon
c'est la saison des bandaisons.

Interrogation écrite

Le ciel est couvert de peine. Spleen céleste ballotté par un petit vent dégourdissant. L'atmosphère est lourde. Le bonheur pourrait être si léger. Mais il y a « ça ». « Ça » aussi gris que le ciel. « Ça » aussi poisseux que l'atmosphère qui nous environne. Le ciel est couvert d'une peine indicible.
Pourtant, l'amour rayonne d'un éclat indicible. Elle s'épanouit tel un bouton de fleur émergeant de sa torpeur. Mais elle pourrait s'épanouir davantage encore. S'il n'y avait pas « ça ». Elle est belle à en rire à gorge déployée. Elle est tendre, elle est douce, elle est drôle, elle est vie, elle est amour, elle est humanité, elle est vérité, elle est honnêteté, elle est plénitude, elle est liberté, elle est complétude, elle est jovialité, elle est sensualité, elle est sexualité, elle est limpidité. Et moi, que suis-je ? Qui suis-je ? Où vais-je ? Où allons-nous ?
Elle est tout cela et bien plus encore. Elle est chair. Elle est corps. À corps et à cri. Je suis le cri de ce corps engourdi. Mais qu'est le corps sans l'esprit ? Cet esprit qui balbutie ses gammes de corps débridé à bride abattue, avant. Avant que l'esprit ne bride nos corps éperdus. D'amour et de soupirs. Désir brimé, désir blessé. Outre-vie, Outre-mort, Outre-nous, Outre-sens. Retrouver le sens de nos corps dans le corps de nos cœurs. Trouver l'essence de nos sens dans le dédale des freins. Esprit où es-tu, que fais-tu, que veux-tu, que crois-tu ? J'ai peur d'oser, désormais. J'ai peur de flâner dans sa charnalité transie. J'ai peur de plonger dans sa corporalité. J'ai peur de pénétrer dans son intimité orgasmique. J'ai peur. De briser l'harmonie qui nous unit. J'ai peur. Elle est pétrifiée. Clouée au pilori de son désir. Dérive sexuelle. Oser ou fuir. Revivre ou dépérir. La vie nous conspire. Je veux y croire. Autant que je l'aime.

Et je l'aime comme un mort de faim. Et elle m'aime comme une faim de vie. Dehors, le ciel s'éclaircit. Distillant une chaleur enjouée. Elle nage, elle transpire, elle respire. Trouver le second souffle de nos corps oppressés, afin de redécouvrir cette légèreté qui nous a tant inspirés.
J'aimerais tellement la combler.

J'ai peur

J'ai peur du désir
j'ai peur de désirer
j'ai peur de jouir
j'ai peur du plaisir de chair et des vagues sensuelles
j'ai peur des soupirs qui s'égrènent de sa gorge charnelle
j'ai peur de sourire dans sa grotte qui regorge de tant de trésors consensuels
j'ai peur de jouir
j'ai peur du désir
mon sexe titube et s'effondre de n'oser se fondre dans son élixir
il faut une force profonde pour plonger dans la fusion
il faut une foi en soi que je n'ai plus   et en l'autre
celle qui inspire des vers aussi enflammés que mon amour
celle qui aspire à des chevauchées de chairs en délire
celle qui me subjugue à chacun de nos réveils
celle qui me transporte chaque jour qui nous tresse
celle qui me conquiert par la puissance de son âme
celle qui m'enveloppe de la douceur de son cœur
pourtant j'ai peur
de son désir de jouir
autrement mieux qu'entre les bras aphones
d'un vieil impuissant
à se dresser sur le fronton
de ses désirs
j'ai peur mais je suis vivant
jusqu'au bout de mon gland
je l'attends
patiemment
sur la berge infinie
de l'Amour.

Cet amour

Elle est cet amour qui m'est donné sur la crête de mes jours. Âme délicate, à la fois fragile et forte. D'une force sensible et lumineuse. Tu ne me dois rien. Tu te dois tout à toi-même. Tout ce qui est en accord avec ton être suprême. Tu ne me dois rien. Je suis sur ton chemin de bohème une étoile au firmament de ton humanité.
Elle est cet amour qui me donnait par les Déesses du Bonheur incarné. Cœur frêle et libre à la fois. D'une liberté réjouissante et touchante. Tu ne me dois rien. Tu ne me dois vraiment rien. Tu dois tout à toi-même. À tout ce qui est en accord avec ce qui est tien, ce qui est toi, ce qui est ta foi. Ta Vie. Tu ne me dois rien qu'un sourire au petit matin. Et encore.
Elle est. Et je suis. Nous sommes sur ce chemin qui nous a conquis. Nous sommes et nous allons. Nous allons vers qui nous sommes. Subjugués par la beauté des corps de chair et de soie, de vie et de voie. Tu es belle du plus profond de ton être. Avec ce rayonnement qui génère de la joie. Les yeux brillants d'un regard plein d'émois. Je suis serein. Tu ne me dois rien. Je te dois tant.
Entends-tu le temps qui s'esclaffe en nous voyant main dans la main ? Demain c'est demain. Tu ne me dois rien. J'ai tout avec cet amour qui nous nourrit. J'ai bien plus que je ne pouvais en espérer. Ne pas être heureux serait un péché. Je suis heureux à en cueillir les étoiles.

Comment ?

Comment réveiller son volcan terré au fond d'elle-même ?
Elle se prive, elle prive,
à en perdre la foi en moi-même,
par peur de ne pas être à la hauteur
de ses attentes.
Notre entente est parfaite,
grandissant de jour en jour mais…
Son désir est blême.
Le mien grelotte sous les draps.
Hammam, sauna, la vie

a besoin de transpirer pour naître.
Comment conjurer la désincarnation indurée ?
Elle est lumineuse. Elle est rayonnante.
Elle est un astre enchaîné à lui-même.
Dehors, un ciel de traîne. Averses rafraîchissantes.
Je traîne dans mes mots.
Je l'aime. Tu l'aimes, me confirme un écho intérieur.
Je bande mes pensées dans sa charnalité.
Et je débande d'avoir osé. Ou de ne pas avoir osé.
J'aimerais la baiser. J'aimerais qu'elle me baise, sans coup férir.
Avec une voracité aussi sauvage que son regard enflammé.
Mouvements minimaux. Jouissance maximale. Nous aimerions...
Nous allons... Nous irons... Nous ferons...
N'importe où, n'importe quand, n'importe comment.
Quand les fantasmes laisseront place à la vie
qui nous sous-tend, qui nous soutient, qui nous traverse.
Aussi longtemps que nous serons vivants.
Comment me réveiller de mes angoisses d'outre-tombe ?
Je l'aime à en renaître.

Moiteur

Il fait moite
Dieu a un amant
Il convole ardemment
avec un archange sûrement.
Il fait si moite
dehors et dedans
l'été prend ses aises
et il a bien raison
on râle tout le temps
trop froid trop chaud
jamais contents.
Il fait moite assurément
faisons l'amour
comme Dieu en ce moment
nous collerons intensément.

Surplomb

Ses seins lourds qui
surplombe une bouche à la langue
désinvolte
une bouche qui
butine sur une onde coquine
le ciel tonne
elle entonne un roucoulement *da capo*
sexe du matin entrain
le ciel se voile comme s'il était pris d'une bouffée de pudeur
elle suce si bien du bout des lèvres le soleil sur l'horizon
prendre fait et cause
pour une bouchée de désir matinal
après un rêve qui a fait jouir le sommeil
il suffit d'écarter les cuisses pour sentir les échos du réveil
ses seins lourds survolent l'Hexagone
tandis que j'atterris dans mon polygone esseulé
douce solitude de celui qui se sait aimer.

Trinité

Elle moi et elle
lui moi et elle
nous et eux ou elles
nous et les autres
les autres et nous
combinaison de sens
et de visée
j'aime contempler l'horizon
plongée dans l'horizon
et voir l'avenir qui vient vers nous
l'esprit debout le cœur vertical
j'ai la vie en moi et le désir d'être
au-delà de tout
elle jouit je veux qu'elle jouisse
entre mes bras

jouissance bandante
j'ai le désir d'elle avant tout
la consommer en l'accommodant de mets
fous
il fait doux fin août
rompre la digue
et cet enfant qui bout imperceptiblement
en nous
comme la promesse d'un troisième larron
Voyage. Voyages. Virage. Virages.
Vers la liberté.
Laquelle ?
La nôtre.

L'amour

J'ai rencontré l'amour
il est bleu comme le jour
bleu comme le ciel qui ondule
sur un regard à la saveur de velours.
J'ai rencontré l'amour
il a la fraîcheur d'un sourire
frais comme un rire qui roucoule
dans des yeux couleur de gaieté florale.
Il pleut quelle importance
l'été s'éteint dans l'indifférence
j'égrène son absence avec patience
elle est loin et je suis près de son étreinte.
Atteindre l'attente lente
de la revoir souriante
et heureuse sur l'onde pulpeuse
d'un être éternellement en devenir.
Je ne suis que son ode
impure que tamise ma vie
pour mieux la lui offrir
au chant du matin
quand le soleil soupire
enfin un nouveau jour
entre nos mains.
J'ai rencontré l'amour

et l'amour m'a saisi
avec la volupté d'un baiser
surgi de ses lèvres à peine réveillées.
Car c'est elle car c'est nous
car je suis tout au creux de son cou.
Que m'importe le temps
vivre est ailleurs
vivre est cette foi qui renverse
les préjugés pour mieux gravir
le bonheur d'être né
et
d'aimer.

Du même auteur

Autobiographie
À contre-courant, 1ᵉ édition, Desclée de Brouwer, 1999. 2ᵉ éditions, Worms, Le Troubadour, 2005 (épuisé).
En dépit du bon sens : autobiographie d'un têtard à tuba, préface ONFRAY M., Noisy-sur École, L'Éveil Citoyen, 2015 (épuisé)

Poésie
Toi Émoi, Worms, Le Troubadour, 2004
Corps accord sur l'écume Worms, Le Troubadour, 2010
Ikebana effervescent, Worms, Le Troubadour, 2012
Le jeune homme et la mort, Worms, Le Troubadour, 2016
Les chemins d'Euterpe, Autoédition MN, 2018
Divins horizons, Autoédition MN, 2020
Femmes libertés, Autoédition MN, 2021
Allègres mélancolies, Autoédition MN, 2021
Les foudres d'Éros, Autoédition MN, 2019
Sérénité, Autoédition MN, 2019
L'existentialisme précaire d'un têtard pensant, Marcel Nuss, 2018
Chroniques poétiques, Autoédition MN, 2021
Le quotidien des jours qui passent, Autoédition MN, 2020
Aveux de faiblesses, Autoédition MN, 2022
Récoltes verticales, 1999-2002, Autoédition MN, 2022
Élégie sans lendemain, 2002-2008, Autoédition MN, 2022
Femmes libertés, 2011-2013, Autoédition MN, 2022
Les runes de l'amour, 2004-2012, Autoédition MN, 2022

Essais

La présence à l'autre : Accompagner les personnes en situation de dépendance, 3ᵉ édition 2011, 2ᵉ édition 2008, 1ᵉ édition 2005, Paris, Dunod.

Former à l'accompagnement des personnes handicapées, éditions Dunod, 2007 (épuisé).

Oser accompagner avec empathie, préface COMTE-SPONVILLE A., Paris, Dunod, 2016

Je veux faire l'amour, Paris, Autrement, 1ᵉʳᵉ édition 2012, Autoédition, 2ᵉ édition 2019.

Je ne suis pas une apparence, Autoédition MN, 2021

Romans érotiques

Libertinage à Bel Amour, Noisy-sur-École, Tabou Éditions, 2014 (épuisé)

Les libertines, Paris, Chapitre.com, 2017 (épuisé)

Le crépuscule d'une libertine, Paris, Chapitre.com, 2018 (épuisé)

Réédition en version originale :

La trilogie d'Héloïse, Autoédition MN, 2021
    1 Con joint
    2 Con sidéré
    3 Con sensuel

Nouvelles

Cœurs de femmes, Paris, Éditions du Panthéon, 2020
Ruptures, Paris, Éditions Saint-Honoré, 2021
Incarnations lascives, Autoédition MN, 2021

Sous le pseudonyme de Mani Sarva

Horizons Ardents, Paris, Éditions Saint-Germain-des-Prés, 1990 (épuisé).

Divine Nature, prix de la ville de Colmar 1992, Éditions ACM, 1993 (épuisé).

Le cœur de la différence, préface JACQUARD A., Paris, L'Harmattan, 1997

Essais en collaboration avec :
COHIER-RAHBAN V. *L'identité de la personne « handicapée »*, Paris, Dunod, 2011
ANCET P. *Dialogue sur le handicap et l'altérité : ressemblance dans la différence*, Paris, Dunod, 2012

Essais dirigés par l'auteur
Handicaps et sexualités : le livre blanc, Paris, Dunod, 2008
Handicaps et accompagnement à la vie sensuelle et/ou sexuelle : plaidoyer en faveur d'une liberté !, Lyon, Chronique Sociale, 2017